# Zwergenküche

Einfach, ländlich & deftig

# Zwergenküche
### Einfach, ländlich & deftig

**OTUS**

Inhalt 4

Vorwort 9

Zutaten 10

Geschichte der Vorratshaltung 14

Allerlei Zwergisches 15

## Deftiges aus dem Zwergentopf

### Suppen und Eintöpfe
Suppengewürz 18
Gemüsebrühe 18
Fentoschas Eissuppe 19
Buris Kürbiscremesuppe 20
Fenchelcremesuppe 21
Pilzsuppe 22
Winterliche Rindfleischsuppe 23
Deftiger Linseneintopf 24
Gemüseeintopf 25

## Allerlei vom Zwergenacker

### Salate
Endiviensalat mit Pilzen 28
Essbare „Fliegenpilzchen" 29
Galars grüne Bohnen 30
Löwenzahnsalat 31
Pilzsalat mit Kräutern 32
Blumenkohlsalat 33
Feldsalat mit Granatäpfeln und Feta 33
Steckrübensalat mit Walnüssen 34
Apfelsalat 35

### Gemüse
Amarantfrikadellen 36
Borins Schmorgurken 37
Chicorée im Schinkenmantel 38
Aurax Grillpäckchen 39
Fundins Pilzküchlein 40
Panierte Parasole 40
Gebratene Knoblauchpilze 41
Reis mit Steinpilzen 42
Kartoffelgratin 43
Mangoldgratin 43
Überbackener Spinat 44
Wenn Skirfir keine Töpfe mehr hat 44
Bandnudeln mit Rauke und Tomaten 45

### Beilagen
Ofenkartoffeln mit Dip 46
Schupfnudeln 47
Semmelknödel 48
Serviettenknödel 49
Nudeln 50
Gemüsemaultaschen 51

# Tierisches auf Zwergenart

## Fisch

| | |
|---|---|
| Forelle im Mantel | 54 |
| Ofen-Forelle | 55 |
| Zitronensoße Thorin | 55 |

## Fleisch

| | |
|---|---|
| Fleischkäse paniert | 56 |
| Pfannen-Fleischkäse | 57 |
| Malzschweinebraten Zwerg Nase | 58 |
| Schweinebraten nach Kräuterzwergenart | 59 |
| Rinderbraten Vid | 60 |
| Tafelspitz mit Meerrettich | 61 |
| Rindsrouladen mit Speck | 62 |
| Salbei-Gemüse-Hackbällchen | 63 |
| Saure Kutteln | 64 |
| Kalbsfrikadellen Onar | 64 |
| Himmel und Erde | 65 |
| Rollbraten Burgunder Art | 66 |
| Schinken Balbaron | 66 |
| Schinkenbraten mit Kruste | 67 |

## Wild

| | |
|---|---|
| Grimmbart Zwirrs wilder Braten | 68 |
| Rosmarinmedaillons vom Reh | 69 |

## Geflügel

| | |
|---|---|
| Hühnerfrikassee | 70 |
| Vindalfs Geflügelfrikadellen | 71 |
| Gänsebraten mit Honigglasur | 72 |
| Gefüllte Apfelenten | 73 |

## Käse- und Eiergerichte

| | |
|---|---|
| Überbackene Käsespätzle | 74 |
| Panierter Camembert | 75 |
| Eier in Senfsoße | 75 |
| Pilzpfannkuchen Fili | 76 |
| Apfelpfannkuchen Sindri | 76 |
| Pfaffenbäuchlein | 77 |

# Aus Durins Vorratshöhle

## Wurst- und Fleischvorräte

| | |
|---|---|
| Mettwurst Muramil | 80 |
| Leberwurst Dain | 81 |
| Pökelschinken | 82 |
| Pökelrind | 83 |
| Lammschinken | 83 |

## Käse und Cremiges

| | |
|---|---|
| Buttermilchquark | 84 |
| Frischkäse Nordri | 84 |
| Frischkäse Sudri | 85 |
| Virfirs Harzer Creme | 86 |
| Laufender Käse aus dem Zwergenkeller | 87 |
| Käsecreme Walnuss-Basilikum | 88 |
| Käsecreme Zwergenkräuter | 88 |

| | |
|---|---|
| Käsecreme Farim Nasenbeiß | 89 |
| Schafskäseaufstrich | 89 |
| Purningul der Schreckliche (Eingelegter Harzer) | 90 |
| Rosmarincamembert | 90 |
| Schafskäse im Glas | 91 |

## Der Einmachzwerg

### Sauerkonserven

| | |
|---|---|
| Verfeinerter Essig | 94 |
| Kräuteressig | 94 |
| Himbeeressig | 95 |
| Ibraschs Weinessigformel | 95 |

### Marmelade, Kompott und Co.

| | |
|---|---|
| Groinars aromatische Brombeermarmelade | 96 |
| Kastanien-Orangen-Marmelade | 97 |
| Apfelkonfitüre Paroscha | 98 |
| Zwetschgenmus Ubarescha | 99 |
| Hagebuttenmus aus dem Zwergenwald | 99 |
| Kürbis-Orangen-Kompott | 100 |
| Saftiges Birnenmus | 101 |
| Rotes Beeren-Ketchup Dorame | 101 |

## Feines für die Zwergenseele

### Desserts

| | |
|---|---|
| Buttermilch-Creme | 104 |
| Apfel-Marzipan-Auflauf | 105 |
| Gebackene Walnuss-Schokoladen-Creme | 106 |
| Arme-Zwerge-Auflauf | 107 |
| Fruchtige Kirschgrütze | 108 |
| Holunder-Pfannkuchen | 109 |

### Kuchen

| | |
|---|---|
| Zwergen-Schnecken | 110 |
| Cremiger Apfelkuchen | 111 |
| Quark-Birnen-Kuchen | 112 |
| Möhren-Nuss-Kuchen | 113 |
| Mandeltarte „Zwergengenuss" | 114 |
| Preiselbeertorte | 116 |
| Gerührter Rotweinkuchen | 117 |

### Brot

| | |
|---|---|
| Bierbrot | 118 |
| Herbstbrot mit Nüssen | 119 |

## Saus und Braus im Zwerge-haus

### Säfte und Sirup
Bunter Zwergensaft　　　　　　　122
Frombrindals Roter Wintersaft　　123
Sommerlicher Blütensirup　　　　124
Kräutersirup des Zwerges
Halbarox　　　　　　　　　　　124
Zwetschgensirup　　　　　　　　125

### Bier und Wein
Altbierbowle aus dem Zwergenreich　126
Ingwer-Nelken-Bier
(alkoholfrei)　　　　　　　　　126
Gemeiner Zwergenpunsch　　　　127
Honig-Met aus den
Zwergenhallen　　　　　　　　127
Hagebuttenwein　　　　　　　　128
Weißwein-Eier-Punsch　　　　　128
Walnusswein　　　　　　　　　129
Johannisbeer-Glühwein　　　　　129

### Likör und Schnaps
Schlehenlikör　　　　　　　　　130
Bofurs Haselnusslikör　　　　　　131
Waldmeisterschnaps mit Minze　　131
Erdbeerlikör　　　　　　　　　　132
Thorlof Graubarts Hopfenglück　　133

### Zwergensprüche　　　　　　　134

## Vorwort

Wohl dir, der du nach eines langen Tagwerks Mühen dich an die reich gedeckte Tafel der Zwerge gesellen darfst! Deftiges und gar köstlich' Mahl soll dein Lohn sein, auf dass du wieder zu Kräften kommst und für den kommenden, harten Tag gewappnet bist! Erdig und ländlich soll es sein, auf heißem Stein oder über dem Feuer gesotten und gebraten. Dazu allerlei eingelegte Köstlichkeiten aus der Vorratskammer und auch der eine oder andere Krug Bier soll fließen. All dies hast du dir redlich verdient! Genieße nun dein Mahl in einer Runde voller Frohsinn und der Zwerge legendärer Gastfreundschaft.

Doch eines sollst du wohl beachten: Verletze niemals die Ehre eines Zwerges, mach ihn dir nicht zum Feind! Er wird's dir nie vergessen, noch Gnade walten lassen und nimmer wirst du je wieder froh!

Knurrt dem Zwerg im Berg der Magen,
will er nicht mehr weiter graben!

*(Gromlin Steinbeißer der Unbeherrschte)*

# Zutaten

## Apfel

Der Apfel kam ursprünglich aus Asien und wurde von den Römern nach Europa gebracht. Er wächst auf Bäumen, Büschen oder Ziersträuchern, die (je nach Sorte) bis zu zehn Meter hoch werden. Der Apfel gilt als sehr gesund, besteht aus ca. 80% Wasser und enthält viele Vitamine, Mineral- und auch Ballaststoffe. Nicht alle Sorten sind genießbar. Apfelbäume können ein Alter bis zu 100 Jahren erreichen.

## Holunderblüte

Die Holunderblüte wächst auf einem Strauch, der ca. sieben Meter hoch wird. Der Holunderstrauch gilt als Heilpflanze und wurde von der germanischen Göttin Holle als Wohnsitz genutzt. Es werden die Blüten (Aufguss, Tee, Sirup, im Teig ausgebacken) und die Beeren (gegen Erkältung) verwendet. Die rohen Beeren sind, in großen Mengen genossen, giftig.

## Hopfen

Der Hopfen ist ein Hanfgewächs, sein Anbau ist seit dem Mittelalter bekannt. Der Hopfen wird für die Herstellung von Bier, aber auch medizinisch genutzt. Er gilt als beruhigend, entzündungshemmend und soll gegen Migräne und Schmerzen helfen. Die jungen Austriebe des Hopfens werden als Delikatesse in Salaten und als Hopfenspargel verwendet.

## Kresse

Kresse kommt ursprünglich aus Asien. Es gibt sie in unterschiedlichen, rankenden und nicht rankenden Sorten (Gartenkresse, Brunnenkresse, Kapuzinerkresse).

Kresse wird je nach Sorte als Gewürz oder Gemüse verwendet. Sie gilt als harntreibend, desinfizierend und appetitanregend und soll das Immunsystem stärken.

## Malz

Malz entsteht aus getrocknetem Getreide wie Gerste oder Dinkel durch Hinzufügen von Wasser. Es entstehen u. a. Enzyme und Maltose. Malz wird im Bier, im Whiskey, für spezielle Kaffeesorten und Süßigkeiten verwendet.

## Maronen (Maroni, Esskastanien, Edelkastanien)

Die Esskastanie kommt ursprünglich aus Kleinasien. Der Kastanienbaum kann bis zu 30 Meter hoch werden. Manche Bäume werden bis zu 1.000 Jahre alt. Die Nuss ist kalorienarm und enthält viele Vitamine, Kalium und Magnesium.

## Moosbeere (Kulturpreiselbeere, Cranberry)

Die Moosbeere stammt aus der Familie der Heidelbeeren und wächst an niedrigen Sträuchern. Die Pflanze ist nicht winterhart. Sie überlebt aber auch in Gebieten mit kalten Wintern durch den Schutz einer hohen Schneedecke.

## Pilze

Pilze besitzen einen Zellkern. Die Gruppe der „Höheren Pilze" wird als eine seit dem Paläozoikum vor etwa 500 Mio. Jahren eigenständige Lebensform betrachtet. Pilze vermehren sich oberirdisch durch Sporen und unterirdisch durch Mycelien (eine Aneinanderreihung von Zellen). Viele Pilzsorten werden in der Küche verarbeitet, sind in Lebensmitteln (z. B. Käse) enthalten oder werden in der Medizin verwendet.

## Pökelsalz, Salz

Salz wurde schon von den Babyloniern und den Sumerern als Gewürz verwendet und um Fisch, später Fleisch haltbar zu machen. Das Speisesalz wurde, durch die Kosten der langen Handelswege, als weißes Gold bezeichnet. Speisesalz wurde zu Pökelsalz, indem Nitrit und teilweise Salpeter zugefügt wurden. Beim Pökeln mit Salz werden dem Lebensmittel (und damit den Mikroorganismen) Wasser entzogen. Es sorgt für eine leicht rötliche Färbung. Das Nitrit hat beim Verzehr Auswirkungen auf das Hämoglobin im Blut. Von Erwachsenen werden Enzyme gebildet, die dieses ausgleichen. Inzwischen werden Lebensmittel auch mit Meersalz haltbar gemacht.

## Rauke (Rucola)

Rauke bildet als einzige Pflanze die Gattung Sisymbrium, es gibt viele ein- bis mehrjährige Sorten. Die Rauke ist u.a. mit Kohl, Kresse und Meerrettich verwandt. Rauke enthält Vitamine, Mineralstoffe, Senföle und Nitrat. Sie soll das Immunsystem stärken und antibakteriell wirken. Durch das enthaltene Nitrat sollte der Verzehr in großen Mengen vermieden werden.

## Sauerampfer

Sauerampfer ist ein Wildgemüse. Es wurde im Altertum (von Römern, Griechen und Ägyptern) gegen die Auswirkungen üppiger Tafeleien verwendet und im Mittelalter von den Seefahrern gegen Skorbut eingesetzt. In der Küche wird es u. a. in Salaten, als Gemüse und zum Würzen verwendet. Sauerampfer enthält reichlich Vitamin C, aber auch die vor allem für kleine Kinder ungenießbare Oxalsäure. Menschen mit Gicht oder Nierenproblemen sollten auch nur geringe Mengen zu sich nehmen. Sauerampfer soll entwässernd und blutreinigend wirken.

## Schlehen

Schlehenbüsche werden bis zu drei Meter hoch. Sie sind Rosengewächse und mit Kirschen und Pflaumen verwandt. Schlehen wurden schon in der Jungsteinzeit verwendet. In der Küche wird u. a. Schlehenwein und -mus hergestellt. Schlehen enthalten Vitamin C, Kampferöl, Bitterstoffe und (in den Kernen) Blausäure. Sie sollen appetitanregend, leicht abführend und blutreinigend wirken und bei Husten und Hautproblemen helfen.

## Waldmeister

Waldmeister wächst (in größeren Gruppen) in Laubwäldern. Früher wurde er Schwangeren ins Wochenbett gelegt, um das Herz von Mutter und Kind zu stärken und die Geburt zu erleichtern. Er enthält u. a. Gerb- und Bitterstoffe und Cumarin. Das Cumarin gibt beim Trocknen den typischen Waldmeistergeruch frei und soll in geringen Mengen bei Kopfschmerzen helfen. Waldmeister soll blutreinigend, stimmungsaufhellend, krampflösend, aphrodisierend und gefäßstärkend wirken. Er wird als Tee, in Getränken, als Gewürz und für Desserts und Süßigkeiten verwendet.

## Wurzelgemüse (Wurzelwerk)

Wurzelgemüsesorten haben einen aromatischen Geschmack, sind nährstoffreich und enthalten viele Vitamine und Mineralstoffe. Sie zählen zur Gruppe der Rüben. Zu den Wurzelgemüsen gehören Möhren, Knollensellerie, Rettich, Rote Beete, Enzian- und Petersilienwurzel und Schwarzwurzeln. Wurzelgemüse wurde schon in der Steinzeit gesammelt. Die Gemüsesorten waren in dieser Zeit schmal und farblos. Im Laufe der Zeit wurde die Qualität durch Züchtungen verbessert und nun sind die verschiedenen Gemüsearten in der Zwergenküche zuhause!

# Geschichte der Vorratshaltung

In der Eiszeit veränderte sich durch Klimaänderung die Vegetation. Es entstanden Laubwälder, die Tierwelt passte sich an und bisher jagbare Herdentiere wanderten ab. Das Nahrungsangebot wurde geringer. In der Steinzeit begann der Fischfang eine größere Rolle zu spielen. Die Jagd und der Fischfang erbrachten eine kaum ausreichende Menge an Nahrung, die Jäger begannen zuerst Wildtiere zur Gewinnung von Milch, Fleisch, Fell und anderem und später auch Pflanzen zu domestizieren. Haustierhaltung und Landwirtschaft entwickelten sich und aus Jägern und Nomaden wurden in der Jungsteinzeit um 9.500 v. Chr. Bauern und Hirten. Im Vorderen Orient entstanden schon einige Jahrhunderte früher Siedlungen. Dort wurden schon ca. 10.000 v. Chr. Rinder, Ziegen und Schafe gehalten und Getreide angepflanzt.

Bald war klar, dass der durch die Ernte entstandene, zeitweilige Überfluss an Nahrung die abzusehenden Hungerzeiten im Winter nur auffing, wenn die Lebensmittel haltbar gemacht wurden. Es wurde notwendig und auch dann erst möglich, Lebensmittelvorräte anzulegen. Je nach Klima und nach Art der vorhandenen Lebensmittel entwickelte sich das Haltbarmachen durch Milchsäuregärung, Einlegen, Trocknen, Pökeln, Räuchern und Gefrieren.

Durch den Fortschritt im Laufe der Jahrtausende haben wir inzwischen weitere Möglichkeiten entwickelt und können Lebensmittel länger haltbar machen. Staaten hamstern Vorräte für Krisen und in Haushalten wird Marmelade eingekocht, Kräuter und Früchte getrocknet, Fleisch, Fisch und Gemüse eingefroren. So leben die historisch bekannten Arten der Vorratshaltung bis heute weiter.

# Allerlei Zwergisches

Für die Entstehung der Sagen und Legenden der Zwergenwelt gibt es einen vielschichtigen Hintergrund. Zwerge erscheinen ab dem 11. Jahrhundert in der nordischen Mythologie, sie sollen aus den Knochen des Riesen Bláinn und dem Blut des Riesen Brimir entstanden sein und mit Gnomen und Alben ihre Heimat in Svartalfaheim gefunden haben. In der Liederedda sind ihnen die sieben Strophen zum „Dvergatal" gewidmet. Diese Strophen enthalten ca. 70 Zwergennamen. Sie galten als enge Verwandte der Elfen und wohnten in Gruppen in Bergen und Erdhöhlen.

Das Bild änderte sich im Laufe der Zeit. Im Mittelalter entstanden Geschichten, in denen die Zwerge Zipfelmützen trugen und mit den Werkzeugen eines Bergmanns ausgerüstet waren. Sie galten als handwerklich, alchemistisch und magisch begabt, spürten zahlreiche Schätze auf und sammelten Gold und andere Kostbarkeiten im Überfluss. Sie spielten den Menschen lustige, aber auch böse Streiche und verschwanden plötzlich spurlos – im Mittelalter eine Furcht erregende Vorstellung.

Schon im alten Griechenland sollen kleinwüchsige Bergleute als Kopfschutz eine ausgestopfte, spitze Mütze getragen haben. Im Mittelalter wurden in Venedig kleinwüchsige Menschen im Bergbau eingesetzt. Die reiche Stadt benötigte immer mehr Rohstoffe. Venezianische Bergleute wanderten angeblich im Frühling bis in deutsche Gebiete, um dort heimlich und ohne Schürfrecht Schätze zu finden. Sie sollen sich sich von der Bevölkerung fern gehalten und bei wenigen Familien übernachtet haben, die über Generationen von den Kontakten mit den seltsamen, kleinwüchsigen Menschen berichteten.

Die verschiedenen Mythen und Legenden ergaben mit der Zeit ein buntes Bild der Zwerge. Heute werden in Verbindung mit Zwergen auch Gnome, Heinzelmännchen und Trolle genannt. Bis in unsere Zeit haben sich zahlreiche Gartenzwerge mit spitzen, roten Mützen und mit der Ausstattung eines Bergmanns erhalten.

# Deftiges aus dem Zwergentopf

Was immer du im Kessel rührst,
welch' Kräuter du darin verbirgst,
ob Fisch ob Fleisch ist einerlei,
vergiss die Runen nicht dabei!

Sie geben jeder Kesselspeise
Zauberkraft auf ihre Weise.
Steh fest dazu in deinem Glauben,
lass dich seiner nicht berauben!

Beachtest du den guten Rat
und folgst ihm auch in deiner Tat,
so wirst du wahre Wunder schaffen,
lässt Küchenzauber sich entfachen!

(Karlynn Braigh der Seher, Schamane der Thlaein-Sippe)

# Deftiges aus dem Zwergentopf
## Suppen und Eintöpfe

## Suppengewürz

(1 Gewürzportion)  
1 Bund Suppengemüse  
1 Bund Schnittlauch  
1 Bund Petersilie  
50 g Meersalz  
etwas Liebstöckel

Das Gemüse waschen, putzen und trocken tupfen. Die Kräuter waschen, hacken, mit dem Gemüse pürieren und mit dem Salz und dem Liebstöckel mischen. Die Mischung in ein Schraubglas füllen. Das Suppengewürz im Kühlschrank aufbewahren und innerhalb 1 Jahres verbrauchen. Von dem Gewürz ca. 1 Esslöffel pro Liter Suppe verwenden.

Tipp: Aus der Hälfte des Gewürzes lässt sich eine Variante mit einer Knoblauchzehe und 3 getrockneten Tomaten herstellen.

## Gemüsebrühe

(4 Portionen)  
3 EL Olivenöl  
2 Zwiebeln  
½ Sellerieknolle  
4 Möhren  
2 Petersilienwurzeln  
2 Knoblauchzehen  
1 Lauchstange  
1 Fenchelknolle  
2 Lorbeerblätter  
2 Nelken  
20 schwarze Pfefferkörner  
5 Stängel Thymian  
Salz

Das Öl in einem großen Topf erhitzen. Die Zwiebeln schälen, würfeln und bei mittlerer Hitze darin glasig dünsten. Den Sellerie, die Möhren und die Petersilienwurzeln putzen, schälen und grob würfeln. Den Knoblauch schälen und fein würfeln. Den Lauch und den Fenchel putzen, waschen und in

Stücke schneiden. Das Gemüse in den Topf geben und 4 Minuten dünsten. Mit 2½ Litern Wasser auffüllen. Den Knoblauch und die Gewürze hinzu fügen, aufkochen und bei mittlerer Hitze 1 Stunde köcheln, durch ein feines Sieb passieren, mit Salz abschmecken und servieren.

Tipp: Diese Brühe ist als Grundlage für andere Suppen geeignet. Es kann beliebiges anderes Gemüse oder Gemüsereste verwendet werden.

### Fentoschas Eissuppe

| | | |
|---|---|---|
| (4 Portionen) | ½ kg Tomaten | ½ Zwiebel |
| 4 Knoblauchzehen | 2 grüne Paprikaschoten | 1 Tomate |
| 2 Scheiben Weißbrot | 1 Salatgurke | 1 grüne Paprika |
| Salz, Pfeffer | 125 ml Olivenöl | 3-4 EL geröstete |
| 2 EL Essig | Zum Garnieren: | Brotwürfel |

Den Knoblauch schälen und zerdrücken oder fein würfeln. Das Weißbrot zerkleinern und mit wenig Wasser, etwas Salz, dem Essig und dem Knoblauch in einer Schüssel einweichen. Die Tomaten überbrühen, schälen und würfeln. Die Paprika waschen, halbieren, entkernen und grob würfeln. Die Gurke schälen, entkernen und grob würfeln. Das zerkleinerte Gemüse in die Brotmasse geben. Das Öl untermischen und die gesamten Zutaten pürieren. Nach und nach eine halbe Tasse Wasser hinzu fügen, mit Pfeffer und Salz abschmecken und kalt stellen. Für die Garnitur die Zwiebel schälen und fein würfeln. Die Tomate und die Paprika waschen, halbieren, entkernen und würfeln. Die zerkleinerten Zutaten in eine Schüssel füllen. Die kalte Suppe mit Eiswürfeln garnieren und mit den Gemüsestücken und den gerösteten Brotwürfeln servieren.

Tipp: Die Suppe nach dem Pürieren durch ein Sieb geben, dann wird sie trinkbar.

## Deftiges aus dem Zwergentopf
## Suppen und Eintöpfe

### Buris Kürbiscremesuppe

(4 Portionen)
1 Hokkaido-Kürbis
5 Pfefferkörner
1 TL Currypulver
etwas Salz
1 TL Orangenschale

3 EL Weißwein
1 Bund Petersilie
1 Prise Muskat
4 EL Sauerrahm
Geröstete Kürbiskerne

Den Kürbis waschen, den Stiel abschneiden, mit der Schale in Stücke schneiden und die Kerne entfernen und beiseite legen. Den Kürbis in einen Topf geben, mit Wasser bedecken und aufkochen. Die Pfefferkörner hinzu fügen und mit Curry und Salz abschmecken. Die geriebene Orangenschale mit dem Weißwein hinzu fügen und alles ½ Stunde auf kleiner Flamme köcheln. Die Petersilie waschen und fein hacken. Die Suppe teilweise pürieren, mit Muskat verfeinern und 10 Minuten ziehen lassen. In 4 Teller füllen, mit je 1 Esslöffel Sauerrahm, der Petersilie und den Kürbiskernen garniert servieren. Dazu passt in Olivenöl geröstetes Weißbrot.

Tipp: Für Kinder den Weißwein durch Orangensaft ersetzen.

# Fenchelcremesuppe

(4 Portionen)  
2 Kartoffeln  
1 Fenchelknolle  
1 Zwiebel  
2 EL Olivenöl  
1 l Gemüsebrühe  
8 geschälte Mandeln  
Salz, Pfeffer  
½ Bund Koriander  
Saft von ½ Zitrone  
4 EL süße Sahne  

Die Kartoffeln schälen, waschen und klein schneiden, den Fenchel waschen und würfeln, das Fenchelgrün beiseitelegen. Die Zwiebel würfeln und im Öl in einem Topf bei mittlerer Hitze glasig dünsten. Das Gemüse hinzu fügen und kurz anbraten. Mit der Brühe aufgießen, abdecken und 20 Minuten köcheln. Die Mandeln fein hacken und in einer Pfanne trocken goldbraun rösten. Den Koriander waschen und hacken. Die Suppe vom Herd nehmen und pürieren, mit Salz und Pfeffer abschmecken, mit Koriander und Zitronensaft verfeinern und in 4 Suppenteller füllen. Die Sahne halb steif schlagen, mit den Mandeln und dem Fenchelgrün auf die Suppe geben und servieren. Dazu passt in Olivenöl geröstetes Weißbrot oder Baguette.

# Deftiges aus dem Zwergentopf
## Suppen und Eintöpfe

## Pilzsuppe

(4 Portionen)
10 g getrocknete Mischpilze
1 Zwiebel
1 Knoblauchzehe
2–3 Kartoffeln

400 g gemischte Pilze
2–3 Stängel Thymian
3 EL Olivenöl
100 ml Weißwein
800 ml Gemüsebrühe
Salz, Pfeffer

1 EL Butter
1 Becher süße Sahne
1 Handvoll frische Kresse

Die getrockneten Pilze mindestens ½ Stunde in einer Tasse Wasser einweichen. Die Zwiebel und den Knoblauch schälen und würfeln. Die Kartoffeln waschen, schälen und klein schneiden. 300 g Pilze (Champignons, Steinpilze, Shiitake) putzen und grob zerkleinern. Den Thymian waschen, trocken schütteln und die Blättchen abzupfen. 2 Esslöffel Öl in einer Pfanne erhitzen, die Zwiebel und den Knoblauch glasig dünsten, die Kartoffeln, die Pilze und den Thymian kurz mit andünsten. Mit dem Wein löschen und mit der Brühe auffüllen. Die eingeweichten Pilze mit dem Einweichwasser dazu geben, aufkochen und bei niedriger Hitze bedeckt garen. Die restlichen Pilze putzen, in Scheiben schneiden, im restlichen Öl anbraten, salzen und pfeffern. Die Sahne zur Suppe geben und pürieren. Mit Salz und Pfeffer abschmecken. Mit den gebratenen Pilzen und der Kresse servieren.

# Winterliche Rindfleischsuppe

(4 Portionen)  
½ kg Suppenfleisch vom Rind  
250 g grüne Bohnen  
2 Möhren  
2 Lauchstangen  
½ Sellerieknolle  
250 g Wirsing  
1 Zwiebel  
2 Knoblauchzehen  
1 Stängel Koriander  
etwas Muskat  
Salz, Pfeffer

Das Suppenfleisch waschen, kurz in kochendes Salzwasser geben, dann den Sud abgießen, das Fleisch kalt abspülen und in 2½ Liter frischem, kaltem Wasser neu aufsetzen (damit sich kein Schaum bildet), 2 Stunden weich garen, aus dem Topf nehmen, würfeln und zurück in die Fleischbrühe geben. Die Bohnen waschen, den Stiel entfernen und klein schneiden. Die Möhren, den Lauch, den Sellerie und den Wirsing putzen, waschen und in dünne Scheiben schneiden. Die Zwiebel und den Knoblauch schälen und fein würfeln. Alles in die Suppe geben und bei mittlerer Hitze ½ Stunde köcheln. Den Koriander waschen, die Blättchen abzupfen und fein hacken. Die Suppe mit Muskat, Pfeffer und Salz abschmecken und mit dem Koriander bestreuen.

Tipp: 10 Minuten vor Ende der Garzeit Grießklößchen oder in Streifen geschnittene Pfannkuchen zur Suppe geben. Nach Geschmack kann das Fleisch auch in 2½ Litern Brühe gegart werden.

## Deftiges aus dem Zwergentopf
## Suppen und Eintöpfe

# Deftiger Linseneintopf

(4 Portionen)  
1 rote Paprika  
1 Zucchini  
1 Möhre  
2 große Kartoffeln  
1 Tomate  
1 große Zwiebel  

2 EL Öl  
60 g Speckwürfel  
1 TL Kreuzkümmel  
1 Prise Paprikapulver rosenscharf  
200 g Berglinsen  
1 Lorbeerblatt  

1 Schuss trockener Rotwein  
1½–2 l Gemüsebrühe  
3 Mettwürstchen  
½ Bund glatte Petersilie  
Salz, Pfeffer  

Die Paprika und die Zucchini waschen, trocken tupfen und würfeln. Die Möhre und die Kartoffeln schälen und in Scheiben beziehungsweise Stücke schneiden. Die Tomate überbrühen, schälen und würfeln. Die Zwiebel schälen und würfeln. Das Öl in einem Topf erhitzen. Den Speck mit der Zwiebel bei mittlerer Hitze kurz darin anbraten. Das Gemüse dazu geben, 3 Minuten dünsten, dann Kreuzkümmel und Paprikapulver hinzu fügen. Die Linsen in einem Sieb mit kaltem Wasser abspülen, mit dem Lorbeer in den Topf geben, andünsten, mit dem Wein und der Brühe auffüllen, 35 Minuten abgedeckt köcheln und immer wieder umrühren; nach Bedarf Brühe hinzu fügen. Die Würstchen in Scheiben schneiden und 10 Minuten im Topf mitgaren. Die Petersilie waschen und grob hacken. Den Eintopf mit Salz und Pfeffer abschmecken und mit der Petersilie bestreut servieren.

Tipp: Mit Essig oder Zitronensaft werden die Linsen leichter verdaulich. Beides erst am Schluss oder am Tisch hinzu fügen, da sich sonst die Garzeit verlängert.

# Gemüseeintopf

(4 Portionen)
250 g Kichererbsen
400 g rote und grüne Spitzpaprika
1 kleine Aubergine
6 Tomaten
3 Stängel Basilikum
6 EL Olivenöl
3 Knoblauchzehen
Salz, Pfeffer
½ Zitrone
1 EL Weinessig
1 Stängel frische Minze

Die über Nacht eingeweichten Kichererbsen abspülen, mit 2 Liter frischem Wasser in einem großen Topf aufsetzen und 1½–2 Stunden ohne Salz gar kochen. Den Sud abgießen und beiseite stellen. Die Paprika waschen, trocken tupfen, vierteln, entkernen und in Streifen schneiden. Die Aubergine und die Tomaten waschen, trocken tupfen und klein schneiden. Das Basilikum waschen, trocken schütteln und fein hacken. 4 Esslöffel Öl in einem Topf erhitzen, die Aubergine und die Paprika darin anbraten. Den Knoblauch schälen, pressen und zu den Auberginen geben. Die Tomaten und das Basilikum hinzu fügen, salzen, pfeffern und 10 Minuten köcheln. Die Kichererbsen unter das Gemüse mischen, mit 1 Liter Sud auffüllen und 10 Minuten köcheln. Die Zitrone waschen, trocken tupfen und vierteln. Das übrige Öl und den Essig in den Eintopf rühren, mit Salz und Pfeffer abschmecken. Die Minze waschen, trocken schütteln, klein hacken und über den Eintopf streuen. Mit den Zitronenvierteln servieren.

Tipp: Kichererbsen haben so viel Protein wie Rindfleisch und enthalten Vitamin A, B1, B2, B6, C, E sowie Magnesium, Eisen und Zink. 100 Gramm Kichererbsen decken jeweils zu rund 40 Prozent die empfohlene Tagesmenge an Ballaststoffen und mehrfach ungesättigten Fettsäuren ab.

# Allerlei vom Zwergenacker

Leg ab die Axt, nimm ab den Helm,
denn hier bist du im Paradies!
Kannst dich gern zu uns gesell'n,
mein Garten dich willkommen hieß!

Ein Ort, an dem der Frieden lebt.
Es blüht und sprießt, wohin man sieht.
Hier wird gesät, hier wird gepflegt,
wahres Wunder hier geschieht!

Lass dich nieder, vergiss die Sorgen.
Ruh dich aus im Baumesschatten.
Fühl dich frei und auch geborgen
in meinem Paradies, dem Garten!

(Kalahardt Gründaumen, Wächter des Zaunes)

## Allerlei vom Zwergenacker
### Salate

# Endiviensalat mit Pilzen

(4 Portionen)  
200 g Kräuterseitlinge  
150 g Champignons  
5 EL Öl  
Salz, Pfeffer  

1 Zwiebel  
2 TL Rosmarinnadeln  
70 ml Balsamico  
1 EL Honig  
½ –1 TL Meerrettich  

2 EL Preiselbeeren  
2 EL Gemüsebrühe  
1 Endiviensalat  
40 g Haselnüsse  

Die Pilze putzen, den Stiel entfernen und längs halbieren. 2 Esslöffel Öl in einer Pfanne erhitzen und die Pilze darin 3 Minuten anbraten, salzen, pfeffern und heraus nehmen. 1 Esslöffel Öl in die Pfanne geben. Die Zwiebel schälen, fein würfeln und mit dem Rosmarin darin anbraten. Den Essig und den Honig hinzu fügen, aufkochen, die Pilze dazu geben, kurz aufkochen, dann abkühlen lassen. Die Pilzmarinade abgießen und auffangen und 2 Esslöffel davon mit dem Meerrettich, den Preiselbeeren, der Brühe und dem restlichen Öl mischen. Den Endiviensalat waschen und in mundgerechte Stücke zupfen. Die Haselnüsse grob hacken und trocken rösten. Vor dem Servieren den Salat mit dem Dressing mischen und mit den Pilzen und den Nüssen bestreut servieren.

# Essbare „Fliegenpilzchen"

(4 Portionen)
6 hart gekochte Eier
1–2 Sardellen
1 TL gehackte
Petersilie
½ TL Senf
Salz, Pfeffer
2–3 EL Sauerrahm
3 Tomaten
etwas Mayonnaise
einige Salatblätter

Die Eier schälen. Die untere Eikappe so anschneiden, dass die Eier darauf stehen können. Die obere Kappe abschneiden, um das Eigelb mit einem kleinen Löffel zu entfernen. Die 6 Eigelb in einer Schüssel mit der Gabel zerdrücken. Die Sardellen fein hacken, mit der Petersilie, dem Senf, Salz, Pfeffer und dem Sauerrahm dazu geben, zu einer Paste verarbeiten und die ausgehöhlten Eier damit füllen. Von den Tomaten jeweils 2 Kappen abschneiden und etwas Fruchtfleisch davon abschaben. Auf je 1 gefülltes Ei eine Tomatenkappe setzen und diese mit Mayonnaisetupfern verzieren. Die Salatblätter waschen, trocken schütteln, auf einer Platte auslegen und die „Fliegenpilze" darauf setzen. Passt gut zu Salatplatten, Büfetts oder Gegrilltem.

## Allerlei vom Zwergenacker
### Salate

# Galars grüne Bohnen

(4 Portionen)
½ kg grüne Bohnen
1 TL getrocknetes Bohnenkraut
1–2 EL Essig
3 EL Öl
etwas Paprika rosenscharf
1 Prise Zucker
Salz, Pfeffer
1 Stängel frisches Bohnenkraut
3 EL Sauerrahm
1 Zwiebel
3 EL Speckwürfel

Die Bohnen putzen, den Stiel entfernen, die Fäden abziehen, in mundgerechte Stücke schneiden, mit dem trockenen Bohnenkraut in kochendes Salzwasser geben, etwa 8 Minuten bissfest garen und absieben. Für die Marinade den Essig, das Öl, das Paprikapulver, Zucker, Salz und Pfeffer in einer Schüssel mischen. Das frische Bohnenkraut waschen, die Blättchen abzupfen, fein hacken und mit dem Sauerrahm in die Marinade rühren. Die Zwiebel schälen, fein würfeln, mit der Marinade zu den warmen Bohnen geben und abgedeckt mindestens 1 Stunde ziehen lassen. Die Speckwürfel (nach Bedarf mit wenig Öl) in einer Pfanne knusprig anbraten und zum Servieren über den Salat streuen.

# Löwenzahnsalat

(4 Portionen)
200 g (ca. 2 Stauden) Löwenzahn
5 Scheiben magerer Speck
2 Eier
4 EL Sauerrahm
1 EL Olivenöl
etwas frische Kräuter
Salz, Pfeffer

Den Löwenzahn kurz lauwarm abspülen, damit er nicht bitter schmeckt, abtropfen und in 3 cm breite Streifen schneiden. Den Frühstücksspeck knusprig anbraten und auf Küchenpapier abtropfen. Die Eier hart kochen, schälen, achteln und mit dem Löwenzahn und dem Speck auf einem Teller anrichten. Für die Soße den Rahm mit dem Öl und den Kräutern vermengen, mit Salz und Pfeffer abschmecken und über dem Salat verteilen.

Tipp: Statt Speck können auch geröstete Sonnenblumenkerne verwendet werden.

# Allerlei vom Zwergenacker
## Salate

## Pilzsalat mit Kräutern

(4 Portionen als Vorspeise)
½ kg gemischte Pilze
6 EL Olivenöl
2 Schalotten
4 Tomaten
1 Handvoll Rauke

1 EL Balsamico
1 EL Zitronensaft
1 TL Waldhonig
2 EL gehackte Petersilie
Salz, Pfeffer

Die Pilze (Steinpilze, Pfifferlinge, Austernpilze, Champignons oder Pilze nach Geschmack) putzen und in mundgerechte Stücke schneiden. 4 Esslöffel Öl in einer Pfanne erhitzen und die Pilze darin unter Rühren 4 Minuten anbraten. Die Schalotten schälen und fein würfeln. Die Tomaten überbrühen, schälen, entkernen und grob würfeln. Die Rauke (meist im Handel Rucola genannt) waschen und klein schneiden. Alles mit den Pilzen in einer Schüssel mischen. Für die Marinade den Essig mit dem Zitronensaft, dem Honig und der Petersilie gut mischen. Salz, Pfeffer und das restliche Öl unterrühren, über die Pilze gießen und mindestens 2 Stunden ziehen lassen. Dazu passt warme Baguette mit Butter.

## Blumenkohlsalat

(4 Portionen)
1 Zitrone
1 kleiner Blumenkohl
75 g gehackte Haselnüsse
125 g Sauerrahm
1 TL Meerrettich
Salz, Pfeffer
etwas Honig
1 EL gehackte Rauke
1 EL gehackte Petersilie

Die Zitrone auspressen. Den Blumenkohl fein reiben, mit dem Zitronensaft beträufeln, mit den Nüssen, dem Rahm und dem Meerrettich vermischen und mit Salz, Pfeffer und Honig abschmecken. Den Salat mindestens ½ Stunde ziehen lassen und mit Rauke und Petersilie bestreut servieren.

## Feldsalat mit Granatäpfeln und Feta

(4 Portionen)
2 Granatäpfel
1 EL Rotweinessig
1 Prise Zucker
Salz, Pfeffer
3 EL Sonnenblumenöl
150 g Feldsalat
50 g Walnusskerne
200 g Feta

Die Granatäpfel halbieren. Die Kerne mit einem Esslöffel aus der Schale kratzen und mit dem austretenden Saft in einer Schüssel mit dem Essig, dem Zucker, Salz, Pfeffer und dem Öl zu einer Marinade verrühren. Den Feldsalat putzen, gut waschen und abtropfen. Die Walnusskerne grob hacken, den Feta klein würfeln und alles in eine Schüssel geben. Die Marinade hinzufügen, den Salat vorsichtig mischen und servieren.

## Allerlei vom Zwergenacker
### Salate

# Steckrübensalat mit Walnüssen

(4 Portionen)
½ Steckrübe (ca. 600 g)
1 Bund glatte Petersilie
40 g Walnusskerne
20 g brauner Zucker
5 EL Balsamico
Salz, Pfeffer
4 EL Öl

Die Steckrübe dick schälen und in 4 cm lange, feine Streifen schneiden. Die Petersilie waschen, trocken schütteln und abzupfen. Die Walnüsse grob hacken und trocken goldbraun rösten. Den Zucker in eine Pfanne geben und unter Rühren bei starker Hitze karamellisieren lassen. Mit dem Essig und 3 Esslöffeln Wasser löschen und rühren, bis sich das Karamell vollständig auflöst, salzen, pfeffern und das Öl unterrühren. Die Rübenstreifen mit der Petersilie und den Nüssen mischen. Die Soße darüber träufeln, alles vermengen, ½ Stunde ziehen lassen und servieren.

# Apfelsalat

(4 Portionen)
4 Äpfel
1–2 EL Zitronensaft
½ Bund glatte Petersilie
4 TL Walnussöl
bunter Pfeffer
4 EL Walnüsse
(grob gehackt)

Die Äpfel schälen, vierteln, entkernen und in dünne Scheiben, dann in Streifen schneiden, in eine Schüssel geben, mit dem Zitronensaft beträufeln und gut mischen. Die Petersilie waschen, trocken schütteln und grob hacken. Die Äpfel auf 4 Tellern anrichten, mit dem Öl beträufeln, mit buntem Pfeffer aus der Mühle bestreuen, mit der Petersilie und den Walnüssen garnieren und sofort servieren. Dazu passt Baguette.

Tipp: Der Salat kann auch in einer Schüssel angemacht und dann serviert werden.

## Allerlei vom Zwergenacker Gemüse

### Amarantfrikadellen

(4 Portionen)
125 g Amarant
350 ml Gemüsebrühe
1 Ei
3 EL Semmelbrösel
Salz, Pfeffer

1 Stängel Petersilie
2 EL gehackte Haselnüsse
4 EL geriebener Käse
4 EL Öl

Die Amarantkörner in einem feinen Sieb unter fließendem Wasser waschen und abtropfen. Die Gemüsebrühe erhitzen, den Amarant unter Rühren hinein rieseln, ½ Stunde bei mittlerer Hitze garen, dann etwas abkühlen und mit dem Ei, 1 Esslöffel Semmelbrösel, Salz und Pfeffer mischen. Die Petersilie waschen, trocken schütteln, fein hacken und mit den Haselnüssen und dem Käse unter den Amarant kneten. Aus dem Teig 8 Frikadellen formen und in den restlichen Semmelbröseln wälzen. Das Öl in einer Pfanne erhitzen und die Frikadellen von beiden Seiten goldbraun anbraten. Passt gut zu Endiviensalat.

Tipp: Amarant, auch „Wunderkorn" genannt, ist reich an ungesättigten Fettsäuren, Vitamin B1 und B2 und Mineralstoffen. Mit seinem Gehalt an Kalzium, Magnesium und Eisen ist er Spitzenreiter unter den Getreiden, beim Kalium belegt er den zweiten Platz.

# Borins Schmorgurken

(4 Portionen)  
1 kg Schmorgurken  
Salz, Pfeffer  
1 EL Zucker  
1 TL Majoran  
2 EL Weinessig  
1 Zwiebel  

60 g durchwachsener Speck  
1 EL Butter  
125 ml Fleischbrühe  
125 ml Milch  
1 Becher Sauerrahm  
½ Bund Dill  
½ Bund Petersilie  

Die Gurken schälen, längs halbieren, mit dem Teelöffel entkernen und in 1 cm dicke Stücke schneiden. Die Gurkenstücke mit den Gewürzen und dem Essig vermengen und 1 Stunde ziehen lassen. Die Zwiebel schälen, mit dem Speck würfeln und in der Butter in einem Schmortopf goldbraun anbraten. Die Gurken abtropfen, hinzu fügen, 5 Minuten schmoren, mit der Brühe und der Milch aufgießen und abgedeckt 20 Minuten köcheln. Den Topf vom Herd nehmen und den Rahm unterrühren. Die Kräuter waschen, trocken schütteln, grob hacken, über die Schmorgurken streuen und sofort servieren. Dazu passen frisches Bauernbrot oder Baguette.

### Allerlei vom Zwergenacker Gemüse

# Chicorée im Schinkenmantel

(4 Portionen)
4 Stück Chicorée
4 Scheiben Kochschinken
1 EL Butter
200 ml süße Sahne
½ TL Paprika edelsüß
½ TL Ingwerpulver
Salz, Pfeffer
1 TL Mondamin

Die Chicorées waschen und die bitteren Enden keilförmig heraus schneiden, am Stück in wenig Salzwasser 10-15 Minuten dünsten, heraus nehmen, abtropfen und in den Schinken einrollen; den Sud beiseite stellen. Die Butter in einer Pfanne erhitzen und die eingewickelten Chicorées ringsum darin anbraten. Die Sahne hinzu fügen, mit den Gewürzen abschmecken und offen 15 Minuten köcheln. Den Chicorée aus der Pfanne nehmen, den zurück gestellten Sud mit dem Mondamin binden und unter Rühren in die Soße gießen. Den Chicorée zurück in die Pfanne geben und servieren. Dazu passen Salzkartoffeln.

# Aurax Grillpäckchen

(4 Portionen)
1 Bund Basilikum
2 große Auberginen
250 g Mozzarella
3 Tomaten
Salz, Pfeffer
2-3 EL Olivenöl

Für die Soße:
1 EL Tomatenmark
1 EL Zitronensaft
1 EL Balsamico
5 EL Olivenöl
Salz, Pfeffer
1 TL brauner Zucker

Das Basilikum waschen, trocken schütteln und die Blättchen abzupfen. Die Auberginen waschen, putzen und längs in 8 dünne Scheiben schneiden; die Randscheiben nicht verwenden. Die Scheiben 2 Minuten in Salzwasser kochen, abtropfen und trocken tupfen. Den Mozzarella und die Tomaten in Scheiben schneiden. 2 Auberginenscheiben über Kreuz auf ein Brett und in die Mitte eine Tomatenscheibe legen, salzen und pfeffern, ein Basilikumblatt, dann eine Mozzarellascheibe mit einem Basilikumblatt darauf legen. Die letzte Schicht bildet eine Tomatenscheibe. Mit dem Rest der Zutaten ebenso verfahren. Zum Schluss die Auberginen-Enden über die Füllung klappen und insgesamt zu 8 Päckchen formen; bei Bedarf mit gewässerten Zahnstochern fixieren. In einer Grillpfanne das Öl erhitzen und die Päckchen darin von jeder Seite goldgelb rösten. Die Zutaten für die Soße mischen, über die Päckchen gießen und mit dem restlichen Basilikum dekoriert servieren.

# Allerlei vom Zwergenacker Gemüse

## Fundins Pilzküchlein

(4 Portionen)
4–5 Brötchen
1 kg frische Pilze
½ Zwiebel

30 g Butter
2 Eier
1 EL gehackte Petersilie

Salz, Pfeffer
einige Semmelbrösel
2–3 EL Öl

Die Brötchen einweichen. Die Pilze putzen, vom Stiel befreien und klein schneiden. Die halbe Zwiebel schälen, hacken und in einer hohen Pfanne in der Butter glasig dünsten, die Pilze hinzu fügen und 5 Minuten dünsten. Die eingeweichten Brötchen gut ausdrücken, klein zupfen und zu den Pilzen geben. Die Eier verquirlen, mit der Petersilie hinzu fügen, salzen, pfeffern, vermischen und aus der Masse runde Küchlein formen. Diese in Semmelbröseln wenden und in dem Öl goldgelb braten. Dazu passen verschiedene Salate.

## Panierte Parasole

(4 Portionen)
12 Parasole
Salz, Pfeffer

etwas Mehl
3 Eier
einige Semmelbrösel

3 EL Olivenöl
1 Zitrone

Die Parasole vom Stiel befreien, etwas abklopfen, auf der Lamellenseite leicht pfeffern und salzen, dann im Mehl, den verquirlten Eiern und zuletzt in den Semmelbröseln wenden. Das Öl in einer Pfanne erhitzen und die Pilze darin goldgelb braten. Die Zitrone in Schnitze teilen und mit den Pilzen (zum Beträufeln) servieren. Dazu passen Löwenzahn- und Kartoffelsalat.

# Gebratene Knoblauchpilze

(4 Portionen)
½ kg frische Pilze
Saft von 1 Zitrone
4 Knoblauchzehen
5 EL Olivenöl
1 TL Butter
2 EL Tomatenmark
Salz, Pfeffer
4 Salbeiblätter

Die Pilze putzen, in feine Scheiben schneiden und mit 1 Esslöffel Zitronensaft beträufeln. Den Knoblauch schälen und in feine Scheiben schneiden. Das Öl in einer Pfanne erhitzen, die Pilze portionsweise hinein geben, kurz anbraten, heraus nehmen und beiseite stellen. Den Backofen auf 200°C vorheizen. Die Butter in der Pfanne schmelzen und den Knoblauch kurz darin andünsten. Den restlichen Zitronensaft dazu geben, das Tomatenmark einrühren, salzen und pfeffern. Die Pilze zurück in die Pfanne geben, alles gut mischen und mit Salz und Pfeffer abschmecken. Die Pilzmischung in eine feuerfeste Form füllen und 10 Minuten im Ofen backen. Den Salbei waschen, trocken tupfen, hacken und zum Servieren über die Pilze streuen. Dazu passen geröstete Baguettescheiben.

Tipp: Es können Austernpilze, Egerlinge, Champignons oder Pfifferlinge verwendet werden.

## Allerlei vom Zwergenacker Gemüse

### Reis mit Steinpilzen

(4 Portionen)
300 g Steinpilze
2 EL Butter
1 EL Olivenöl
1 Schalotte
1 Tasse Rundkornreis
50 ml Weißwein
2 Tassen Gemüsebrühe
Salz, Pfeffer
50 g geriebener Parmesan

Die Steinpilze putzen und in Stücke schneiden. 1 Esslöffel Butter und das Öl in einer Pfanne erhitzen; die Schalotte schälen, fein hacken und darin glasig dünsten. Den Reis hinzu fügen, kurz ringsum anbraten und mit dem Wein löschen. Die Pilze zum Reis geben, mit der heißen Brühe auffüllen und abgedeckt bei schwacher Hitze 20 Minuten köcheln; dabei nicht umrühren! Sollte der Reis dann noch nicht gar sein, etwas Brühe nachgießen und zugedeckt ein paar Minuten weiter köcheln. Alles mit Salz und Pfeffer abschmecken. Zum Verfeinern den Parmesan und den Rest Butter unterrühren.

Tipp: Steinpilze sucht man bei Fichten, mit denen sie in Symbiose leben.

# Kartoffelgratin

(4 Portionen)  
200 g alter Gouda

1 kg kleine, neue Kartoffeln

Salz, Pfeffer  
2 Becher süße Sahne

Den Backofen auf 200°C vorheizen. Vom Gouda die Rinde entfernen und den Käse reiben. Die rohen Kartoffeln schälen, in hauchdünne Scheiben schneiden und in eine gefettete, feuerfeste Form schichten. Jede Schicht salzen, pfeffern und mit Gouda bestreuen. Die letzte Schicht bildet Gouda. Die Kartoffeln mit der Sahne übergießen, bis sie knapp bedeckt sind. Den Gratin auf mittlerer Schiene 60–70 Minuten überbacken. Dazu passen Salate.

# Mangoldgratin

(4 Portionen)  
½ kg Mangold  
1 EL Weinessig  
½ kg Kartoffeln

1 EL Öl  
250 g Schmand  
2 Eier  
300 g geriebener Käse

4 EL Semmelbrösel  
30 g Butter

Den gewaschenen Mangold in Streifen schneiden und 15 Minuten in kochendem Salzwasser mit dem Essig garen. Die Kartoffeln etwa 25 Minuten in Salzwasser kochen, schälen und in Scheiben schneiden. Den Backofen auf 225°C vorheizen. Eine flache, feuerfeste Form mit dem Öl fetten. Zuerst die Kartoffelscheiben, dann den Mangold einschichten. Den Schmand mit den Eiern und 150 g Käse mischen und über das Gemüse gießen. Den restlichen Käse mit den Semmelbröseln mischen über den Gratin streuen, die Butter in Flocken darauf verteilen, 25 Minuten überbacken und servieren. Dazu passen Bauernbrot und Baguette.

# Allerlei vom Zwergenacker Gemüse

## Überbackener Spinat

(4 Portionen)  
1 kg frischer Spinat  
1 Knoblauchzehe  
1 EL Olivenöl  
Salz, Pfeffer  
40 g Butter  
1 EL Mehl  
¼ l Milch  
50 g geriebener Parmesan  
etwas Muskat  
Saft von ½ Zitrone  

Den Spinat putzen, waschen, tropfnass in einem großen Topf bei starker Hitze zusammenfallen und garen lassen, dann abtropfen. Den Knoblauch schälen und fein würfeln. Das Öl in einer Pfanne erhitzen, den Spinat und den Knoblauch, dann Salz, Pfeffer und 30 g Butter hinzu fügen und vorsichtig mischen. Die Pfanne vom Herd nehmen und den Backofen auf 200°C vorheizen. Für die Soße in einem Topf den Rest Butter schmelzen, das Mehl und nach und nach die Milch einrühren und bei schwacher Hitze köcheln, bis die Soße eindickt. Den Topf vom Herd nehmen, die Hälfte des Parmesans hinein rühren und mit Muskat, Salz, Pfeffer und dem Zitronensaft würzen. Den Spinat in eine feuerfeste Form füllen, die Soße darüber verteilen, mit dem restlichen Parmesan bestreuen und 5 Minuten im Ofen backen.

## Wenn Skirfir keine Töpfe mehr hat

(4 Portionen)  
1 Spaghettikürbis (2 kg)  
4 EL Olivenöl  
4 Knoblauchzehen  
4 Tomaten  
2 Becher Schmand  
300 g Emmentaler  
Salz, Pfeffer  
etwas Chilipulver

Den Backofen auf 190°C vorheizen. Den Kürbis halbieren, die Kerne entfernen, die Schnittflächen mit 3 Esslöffeln Öl bestreichen, mit der Schnittfläche nach oben auf ein mit Backpapier belegtes Blech legen und 50 Minuten garen. Den Knoblauch schälen und fein würfeln. Die Tomaten waschen, putzen und in Scheiben schneiden. Das Kürbisfleisch mit der Gabel schonend aus der Schale kratzen und in eine Schüssel füllen. Den Schmand, 200 g geriebenen Emmentaler und den Knoblauch untermischen, mit Salz, Pfeffer und Chilipulver würzen. Das Fleisch zurück in die Kürbishälften füllen, mit den Tomatenscheiben belegen, mit dem Rest Käse bestreuen und mit dem Rest Öl beträufeln. Den Kürbis wieder in den Ofen geben und bei 200°C 15-20 Minuten backen.

## Bandnudeln mit Rauke und Tomaten

(4 Portionen)
2 Packungen Rauke
4 reife Tomaten
2 Knoblauchzehen
Salz, Pfeffer
400 g Bandnudeln
4 EL Olivenöl
150 g Parmesan

Die Rauke waschen, trocken schütteln und in Streifen schneiden; einige Blättchen für die Dekoration beiseite legen. Die Tomaten waschen, putzen und klein würfeln. Den Knoblauch schälen und sehr fein hacken. Den Parmesan grob reiben. Alles in eine Schüssel geben, gut mischen, mit Salz und Pfeffer abschmecken und 10 Minuten ziehen lassen. Die Bandnudeln nach Packungsangabe in Salzwasser garen, abtropfen und die Raukemischung und das Öl gut untermischen. Alles auf 4 Teller verteilen, mit dem Parmesan bestreuen, mit dem Rest Rauke dekorieren und sofort servieren.

## Allerlei vom Zwergenacker
### Beilagen

## Ofenkartoffeln mit Dip

(4 Portionen)
1 kg Kartoffeln
1 Tasse Olivenöl
grobes Salz, Pfeffer
Rosmarin
4 EL Quark
2 EL süße Sahne
3 EL Öl
½ TL Gemüsebrühpulver
1 Knoblauchzehe
1 TL Kräutersenf
1 TL Zitronensaft
Kräutersalz, Pfeffer
Paprika edelsüß
Muskat

Den Backofen auf 200°C vorheizen. Die Kartoffeln gut waschen, abbürsten, halbieren, mit der Schnittfläche nach oben auf ein mit Backpapier belegtes Blech legen, mit dem Olivenöl beträufeln, mit Salz, Pfeffer und Rosmarin bestreuen und 30–40 Minuten im Ofen goldbraun backen; die Hitze gegebenenfalls anpassen. Für den Dip den Quark mit der Sahne und dem Öl in einer Schüssel mischen. Das Brühpulver in 2 Esslöffeln heißem Wasser auflösen und hinzu fügen. Den Knoblauch schälen und in die Schüssel pressen. Den Senf und den Zitronensaft hinzu fügen. Den Dip mit Kräutersalz, Pfeffer, Paprikapulver und geriebenem Muskat gewürzt servieren.

# Schupfnudeln

(4 Portionen)
750 g Kartoffeln
ca. 200 g Mehl
1 Ei
Salz
Muskat
3 EL Butter

Die Kartoffeln waschen, etwa 25 Minuten garen, abgießen, abkühlen, schälen und durch eine Presse drücken oder zerstampfen. Dann nach und nach mit dem Mehl (etwas zum Bemehlen beiseite stellen), dem Ei, Salz und Muskat zu einem Teig verarbeiten, sodass der Teig nicht klebt und gut formbar ist. Den Teig in Rollen von 4 cm Durchmesser formen und in 1 cm dicke Scheiben schneiden. Die Scheiben zwischen den bemehlten Handflächen zu fingerdicken Nudeln formen. Reichlich Wasser bis kurz vor dem Siedepunkt erhitzen, die Schupfnudeln darin 3-4 Minuten ziehen lassen, bis sie an die Oberfläche kommen, mit dem Schaumlöffel abschöpfen und gut abtropfen lassen. Die Butter in einer großen Pfanne erhitzen, die Schupfnudeln nicht zu dicht hinein schichten und bei mittlerer Hitze goldgelb ausbacken; erst wenden, wenn sie nicht mehr am Pfannenboden kleben. Passt zu Sauerkraut oder als Süßspeise mit Zimt und Zucker oder Apfelmus.

## Allerlei vom Zwergenacker
### Beilagen

# Semmelknödel

(4 Portionen)  
200 g Brötchen vom Vortag  
200 ml Milch  

Salz, Pfeffer  
Muskat  
1 Zwiebel  
½ Bund glatte  

Petersilie  
1 EL Butter  
2–3 Eier  
einige Semmelbrösel  

Die Brötchen (etwa 4 Stück) oder trockenes Weißbrot klein würfeln und mit der lauwarmen Milch begießen. Mit Salz, Pfeffer und geriebener Muskatnuss würzen und 20 Minuten ziehen lassen. Die Zwiebel schälen, die Petersilie waschen und trocken schütteln und beides fein hacken. In einer Pfanne die Butter schmelzen, die Zwiebeln darin glasig dünsten, die Petersilie untermischen, andünsten und beides mit den Eiern und den Brötchen gut vermischen. In einem großen Topf 2 Liter Salzwasser aufkochen. Zur Probe einen kleinen Knödel formen und im siedenden Salzwasser kurz ziehen lassen: Wenn der Knödel zerfällt, noch etwas Semmelbrösel oder Mehl unter die Teigmasse mischen. Mit angefeuchteten Händen 8 Knödel formen, ins kochende Wasser geben und bei mittlerer Hitze 20 Minuten ziehen lassen. Die fertigen Knödel aus dem Wasser schöpfen, abtropfen und servieren.

# Serviettenknödel

(4 Portionen)  
380 ml Milch  
8 trockene Brötchen  
4 Eier  

1 Prise Muskat  
Salz, Pfeffer  
4–5 Stängel Petersilie  
1 EL Butter  

Die Milch in einem Topf erwärmen. Die Brötchen in dünne Scheiben schneiden und in eine große Schüssel geben. Die Eier mit der Milch, dem Muskat, Salz und Pfeffer gut mischen und die Brötchenscheiben damit übergießen. Die Petersilie waschen, trocken schütteln und fein hacken; einen Teil beiseite stellen. Die Butter in einer Pfanne erhitzen, die Petersilie kurz darin andünsten, in die Schüssel geben und mit dem Löffel leicht auf der Masse andrücken. Den Teig abgedeckt mindestens ½ Stunden ziehen lassen, dabei immer wieder leicht durchkneten. In einem großen Topf Salzwasser aufkochen. Den Knödelteig gründlich verkneten, zu einer Kugel oder Rolle formen und in die Mitte eines Geschirrtuchs legen. Das Tuch über dem Serviettenknödel locker zusammenbinden, auf einen Kochlöffelstiel schieben und so in den Topf hängen, dass der Knödel mit Wasser bedeckt ist und schwimmt. Das Ganze bei mittlerer Hitze 1 Stunde offen köcheln, dann aus dem Wasser nehmen, das Tuch entfernen, den Knödel in Scheiben schneiden, auf einer Platte anrichten und mit der restlichen Petersilie bestreut servieren. Dazu passen Wildgerichte und Sauerbraten.

Tipp: Im Handel ist fertig geschnittenes Knödelbrot erhältlich.

## Allerlei vom Zwergenacker
### Beilagen

## Nudeln

(4 Portionen)
½ kg Mehl
etwas Salz
4 Eier
4 TL Olivenöl

Das Mehl in eine große Schüssel sieben, mit etwas Salz mischen und in die Mitte eine Mulde drücken. Die Eier und das Öl hinein geben und mit den Fingern von innen nach außen unter das Mehl mischen, bis nach 10–15 Minuten ein glänzend-geschmeidiger Teig entsteht; nach Bedarf wenig lauwarmes Wasser unterkneten. Den Teig zu einer Kugel formen, in Frischhaltefolie wickeln und 1 Stunde ruhen lassen. Für Bandnudeln oder andere, nicht gefüllte Nudeln den Teig auf einer bemehlten Arbeitsfläche möglichst dünn ausrollen, aufrollen und mit einem scharfen Messer in Streifen schneiden. Die Nudeln vor dem Garen auf einem bemehlten Küchentuch ausgebreitet kurz antrocknen. Reichlich Salzwasser zum Kochen bringen, die Nudeln portionsweise darin aufkochen, abschöpfen, sobald sie oben schwimmen, abtropfen und in einer vorgewärmten Schüssel servieren.

Tipp: Der Nudelteig gelingt auch mit dem Knethaken des Handrührgeräts. Die Nudeln können über eine Stange gehängt getrocknet und haltbar gemacht werden. Aus dem Teig können verschiedene Nudelsorten und Maultaschen (Rezept folgende Seite) hergestellt werden. Für gefüllte Nudeln sollte im Teig zusätzlich 1 Ei enthalten sein.

# Gemüsemaultaschen

(4 Portionen)  
200 g Brokkoli  
400 g Champignons  
2 Möhren  
1 Zwiebel  
etwas Öl  
Salz, Pfeffer  
½ Packung  
Kräuterfrischkäse  
1 Portion Nudelteig  
mit Ei  

Den gewaschenen und in Röschen geteilten Brokkoli in Salzwasser bissfest kochen, abgießen und klein schneiden. Die Champignons in Scheiben schneiden und je nach Größe noch halbieren. Die Möhren schälen und raspeln. Die Zwiebel schälen, fein würfeln und im Öl andünsten. Das übrige Gemüse dazu geben, kurz dünsten, mit Salz und Pfeffer abschmecken, etwas abkühlen lassen und den Frischkäse darunter mischen; nach Geschmack mit Salz und Pfeffer nachwürzen. Den Nudelteig (Rezept vorige Seite) in 4 Teile teilen. Jeden davon als 1 mm dünnes Rechteck (12 x 40 cm) auswellen, je ein Viertel der Füllung in die Mitte streichen, eine der Längskanten mit Wasser oder einem verquirltem Ei bestreichen, die andere Längskante zu einem Schlauch über die Füllung klappen, die Ränder leicht fest drücken. Mit dem Kochlöffelstiel durch leichtes Rollen regelmäßige Rillen eindrücken. Mit dem Messer oder Teigrad entlang den Rillen einzelne Maultaschen abschneiden, leicht flach drücken und an den Schnittkanten andrücken. Mit den restlichen Zutaten ebenso verfahren. In einem großen Topf Salzwasser aufkochen und die Maultaschen darin portionsweise 10 Minuten garen, abschöpfen, abtropfen lassen und nach Wunsch weiter verarbeiten.

Tipp: Die Schnittränder können auch mit der Gabel festgedrückt werden. Maultaschen können in der Brühe, mit verschiedenen Soßen, überbacken und geröstet genossen werden.

# Tierisches auf Zwergenart

Eines Tages oder Nachts,
man weiß es nicht mehr so genau,
ein Zwerg sich die Gedanken macht,
was er denn zum Wohlsein braucht.

„Was kann ich tun, was fehlt mir denn?",
das Zwerglein sich bekümmert fragt.
„Wär toll, wenn ich jetzt grillen kann!"
So schritt er denn auch gleich zur Tat!

Er lief geschwind zum Schmied im Ort:
„Lass uns ein gut' Stück grillen nun!"
Der Schmied wirft gleich den Hammer fort:
„Das sollten wir jetzt wirklich tun!"

(Vesperlied der westlichen Braigh-Schmiedegilde)

## Tierisches auf Zwergenart
### Fisch

# Forelle im Mantel

(4 Portionen)  
1½ Zitronen  
4 küchenfertige Forellenfilets  
Salz, Pfeffer  
400 g Kartoffeln  

1 EL Kartoffelstärke  
1 Knoblauchzehe  
1 Zwiebel  
20 g Pinienkerne  
1 Eigelb  
1 Prise Muskat  

1 EL Öl  
20 g Butter  
¼ Bund Schnittlauch  
4 Stängel Petersilie  
100 g Crème fraîche  
100 g Sauerrahm  

Die halbe Zitrone auspressen, die andere in Scheiben schneiden. Die Filets (mit Haut, ohne Kopf) waschen, trocken tupfen, mit 1 Esslöffel Zitronensaft beträufeln, salzen und pfeffern. Die Kartoffeln waschen, schälen und in eine Schüssel reiben. Mit den Händen den Kartoffelsaft auspressen, abgießen und die Kartoffelstärke über die Kartoffeln stäuben. Den Knoblauch und die Zwiebel schälen. Den Knoblauch fein würfeln, die Pinienkerne sehr fein hacken. Die Zwiebel längs halbieren und in sehr feine Streifen schneiden, mit dem Knoblauch, den Pinienkernen und dem Eigelb zu den Kartoffeln geben, mit Salz, Pfeffer und Muskat würzen und alles gut mischen. Das Öl und die Butter in einer beschichteten Pfanne erhitzen, die Filets auf der Hautseite kurz anbraten, mit etwas Kartoffelmischung bestreichen, vorsichtig wenden, Hitze reduzieren und 10 Minuten goldbraun anbraten. Den Schnittlauch und die Petersilie waschen und trocken schütteln. Den Schnittlauch in Röllchen schneiden. Die Petersilienblätter abzupfen, zur Hälfte hacken, den Rest beiseite legen. Für den Dip die Crème fraîche, den Rahm, den Schnittlauch und die Petersilie mischen, salzen und pfeffern. Die Filets auf vorgewärmten Tellern mit etwas Dip, dem Rest Petersilie und den Zitronenscheiben garnieren und mit dem restlichen Dip servieren.

# Ofen-Forelle

(4 Portionen)   Salz, Pfeffer   100 g Butterschmalz
2 Zitronen   1 Bund Petersilie   4-6 EL Mehl
4 küchenfertige Forellen   8 Stängel Dill   125 ml Weißwein

Den Backofen auf 180°C vorheizen. 1 Zitrone auspressen, die andere in Scheiben schneiden. Die Forellen (ohne Kopf) waschen, trocken tupfen, mit dem Zitronensaft beträufeln, innen und außen mit Salz und Pfeffer würzen. Die Kräuter waschen, trocken schütteln, grob zerkleinern und in die Forellen füllen. Das Schmalz in einem Bräter erhitzen. Das Mehl in einen flachen Teller geben, die Fische darin wenden, abklopfen, im heißen Fett beidseitig goldbraun braten, mit dem Wein übergießen und 10-15 Minuten im Ofen backen. Die Forelle aus dem Ofen nehmen und mit den Zitronenscheiben garniert servieren.

# Zitronensoße Thorin

(4 Portionen)
50 g Butter
¼ l süße Sahne
1-3 EL Zitronensaft
Salz, Pfeffer

Die Butter in einem kleinen Topf schmelzen, die Sahne hinein rühren, mit dem Zitronensaft, Salz und Pfeffer abschmecken und sofort servieren.

## Tierisches auf Zwergenart
### Fleisch

# Fleischkäse paniert

(4 Portionen)
2–3 Zwiebeln
2 Tomaten
2–3 EL Öl
8 EL Semmelbrösel
2 EL Parmesan
4 Scheiben Fleischkäse
4 TL Senf

Die Zwiebeln schälen, halbieren und in dünne Scheiben schneiden. Die Tomaten waschen, trocken tupfen, putzen und in dünne Scheiben schneiden. 1 Esslöffel Öl in einer Pfanne erhitzen und die Zwiebeln darin goldbraun anbraten. Das restliche Öl in einer großen Pfanne erhitzen. Die Semmelbrösel mit dem frisch geriebenen Parmesan auf einem flachen Teller mischen. Den Fleischkäse portionsweise dünn mit dem Senf bestreichen, in den Semmelbröseln wenden, beidseitig in der Pfanne anbraten und mit den Tomatenscheiben belegt und den Röstzwiebeln garniert auf Tellern anrichten und servieren. Dazu passen Kartoffelbrei mit Bratensoße, Kartoffelsalat, grüne Salate oder Bauernbrot.

Tipp: Die Panade weicht bei längerem Liegen auf, deshalb Paniertes möglichst rasch weiter verarbeiten.

# Pfannen-Fleischkäse

(4 Portionen)
2 rote Paprikaschoten
2 Zwiebeln
4 Scheiben Fleischkäse
2–3 EL Öl
½ l Gemüsebrühe
2 EL Tomatenmark
8 EL süße Sahne
8 EL Frischkäse
8 Scheiben Käse

Die Paprika waschen, die Zwiebeln schälen und beides mit dem Fleischkäse in mittelgroße Streifen schneiden. Das Öl in einer Pfanne erhitzen. Die Zwiebeln darin hellbraun anbraten, den Fleischkäse und die Paprika hinzu fügen und ringsum anbraten. Das Ganze mit der Brühe löschen. Das Tomatenmark, die Sahne und den Frischkäse mischen und in die Pfanne rühren. Die Soße köchelnd bis zur gewünschten Konsistenz reduzieren, die Käsescheiben darauf legen, bei mittlerer Hitze schmelzen und sofort servieren. Dazu passen frische Nudeln, verschiedene Brotsorten oder Baguette.

## Tierisches auf Zwergenart
## Fleisch

# Malzschweinebraten Zwerg Nase

(4 Portionen)
1 kg Schweinebraten
2–3 EL Öl
5 große Zwiebeln
1 EL Senf
1–2 EL Paprika rosenscharf

1–2 EL Tomatenmark
½ l Malzbier
2 EL Preiselbeermarmelade
2 Lorbeerblätter

Das Fleisch waschen und trocken tupfen. Das Öl in einer Pfanne erhitzen, das Fleisch am Stück darin ringsum scharf anbraten und heraus nehmen. Die Zwiebeln schälen, würfeln und in der Pfanne anbraten. Den Senf, das Paprikapulver und das Tomatenmark dazu geben, kurz andünsten, mit dem Bier löschen, die Marmelade, den Lorbeer, dann das Fleisch hinzu fügen und abgedeckt bei mittlerer Hitze 2 Stunden köcheln. Das Fleisch aus dem Topf nehmen, etwas ruhen lassen, in Scheiben schneiden und mit der Soße servieren. Dazu passen Klöße, Kartoffelgerichte, Nudeln und Salat.

Tipp: Die Soße kann auch mit wenig Soßenbinder eingedickt und püriert werden.

# Schweinebraten nach Kräuterzwergenart

(4 Portionen)
2 Zwiebeln
2 Knoblauchzehen
10 Salbeiblättchen
2 Stängel Rosmarin
1 kg Schweinenacken

Salz, Pfeffer
etwas Muskat
1–2 EL Olivenöl
1–2 EL Butter
200 ml Weißwein
200 ml Gemüsebrühe

Die Zwiebeln und den Knoblauch schälen und würfeln. Den Salbei und den Rosmarin waschen, trocken schütteln und hacken. Das Fleisch waschen, trocken tupfen und mit Salz, Pfeffer und geriebenem Muskat würzen. Das Olivenöl und die Butter in einem Topf erhitzen, das Fleisch darin ringsum scharf anbraten und heraus nehmen. Die Zwiebeln, den Knoblauch und die Kräuter in die Pfanne geben, andünsten und mit der Hälfte von Wein und Brühe aufgießen. Das Fleisch in den Topf geben und bei kleiner Hitze 2–3 Stunden abgedeckt schmoren lassen. Den Sud nach und nach mit der restlichen Brühe und dem Wein auffüllen. Den Braten aus dem Sud nehmen, mit Salz und Pfeffer abschmecken, in Scheiben schneiden und mit der Soße servieren. Dazu passen Knödel, Nudeln, Kartoffeln und angebratene Fenchelscheiben mit Zitrone.

Tipp: Die Soße kann auch mit Crème fraîche und hellem Soßenbinder gebunden werden.

## Tierisches auf Zwergenart
### Fleisch

### Rinderbraten Vid

(4 Portionen)
1 kg Rinderbraten
Salz, Pfeffer
3 TL Senf
1–2 EL Öl

80 ml Rotwein
2 Zwiebeln
2 Knoblauchzehen
180 ml Brühe
Soßenbinder

Den Backofen auf 180°C vorheizen. Das Fleisch waschen, trocken tupfen, salzen, pfeffern und mit dem Senf bestreichen. Das Öl in einem Bräter mit Deckel erhitzen, das Fleisch darin am Stück ringsum scharf anbraten und mit dem Wein löschen. Die Soße köchelnd auf einen kleinen Rest reduzieren. Die Zwiebeln und den Knoblauch schälen, würfeln und zuerst die Zwiebeln, dann den Knoblauch im Topf unter Rühren goldbraun rösten, mit der Brühe löschen und den Bräter abgedeckt 2 Stunden im Ofen lassen; dabei gegebenenfalls Wasser oder Brühe auffüllen. Das Fleisch aus dem Bräter nehmen, die Soße mit Salz und Pfeffer abschmecken und nach Bedarf mit Soßenbinder eindicken. Das Fleisch in Scheiben schneiden und mit der Soße servieren. Dazu passen Kartoffelpüree, Kartoffelklöße und Rotkraut.

Tipp: Den Knoblauch nicht zu stark rösten, er wird sonst bitter. Beim Nachfüllen mit Brühe vorsichtig sein, die Soße kann sonst zu salzig werden.

# Tafelspitz mit Meerrettich

(4 Portionen)
1 kg Tafelspitz
1 Zwiebel
1 Bund Suppengrün
1 Lorbeerblatt
2–3 Gewürznelken
1 TL Pfefferkörner
Salz, Pfeffer
40 g Butter
40 g Mehl
80 g Meerrettich
1 Apfel
200 ml süße Sahne
2 Stängel Petersilie

Das Fleisch waschen und in einem Topf mit Wasser bedecken. Die Zwiebel schälen und würfeln. Das Suppengrün waschen, abtrocknen, nach Bedarf schälen, zerkleinern und mit der Zwiebel und den Gewürzen in den Topf geben, aufkochen und bei kleiner Hitze 2 Stunden offen sieden (nicht kochen!); entstehenden Schaum abschöpfen. Für die Soße ½ Liter vom Sud abschöpfen und absieben. Das Fleisch im restlichen Sud abgedeckt beiseite stellen. Die Butter in einem Topf schmelzen, das Mehl hinzu fügen, unter Rühren andünsten und vom Herd nehmen. Nach und nach den Sud kräftig unterrühren, zurück auf den Herd stellen und etwas einkochen lassen. Die Soße mit dem Meerrettich (aus dem Glas, nach Geschmack auch mehr als angegeben), Salz und Pfeffer abschmecken. Den Apfel schälen, entkernen, reiben und sofort zur Soße geben. Die Sahne unterrühren und die Soße kurz erhitzen. Die Petersilie waschen, trocken schütteln und hacken. Das Fleisch in dünne Scheiben schneiden, mit der Soße und mit Petersilie bestreut servieren. Dazu passen neue Kartoffeln, Petersilienkartoffeln und grüner Salat.

Tipp: Wenn der Sud beim Garen nicht kocht, entsteht kaum Schaum. Das Fleisch kann am Vortag vorbereitet werden: So wird das Fett im Sud fest, kann abgeschöpft werden und das Fleisch lässt sich besser schneiden.

## Tierisches auf Zwergenart
### Fleisch

# Rindsrouladen mit Speck

(4 Portionen)  
2 Zwiebeln  
6 Cornichons  
1 EL Butter  

4 große Rindsrouladen  
4 EL Senf  
8 Scheiben Frühstücksspeck  
Salz, Pfeffer  

2-3 EL Öl  
2 Pck. Soßenpulver  
1 Lorbeerblatt  
200 ml süße Sahne  

Die Zwiebeln schälen und fein würfeln. Die Cornichons fein würfeln. Die Butter in einer Pfanne erhitzen, die Zwiebeln darin andünsten und abkühlen. Die Rouladen dünn klopfen, mit dem Senf bestreichen und mit je 2 Scheiben Speck belegen. Die Zwiebeln und die Cornichons auf den Rouladen verteilen, salzen und pfeffern. Die Rouladen möglichst dicht aufrollen und mit Küchengarn zusammenbinden (oder Rouladenringe verwenden). Das Öl in einem Topf erhitzen, die Rouladen, nach Bedarf portionsweise, ringsum anbraten, mit ½ Liter Wasser löschen und die Instant-Rouladensoße einrühren. Den Lorbeer hinzu fügen und 1½-2 Stunden bei niedriger Hitze schmoren. Die Sahne zur Soße geben, mit Salz und Pfeffer abschmecken und servieren. Dazu passen Kartoffelbrei und grüne Bohnen.

Tipp: Statt Cornichons (feinerer Geschmack) können auch Essiggurken verwendet werden. Für eine Zubereitung ohne Instantpulver wird die Soße mit Brühe gelöscht und mit Soßenbinder gebunden.

# Salbei-Gemüse-Hackbällchen

(4 Portionen)
1 Zwiebel
2 Knoblauchzehen
1 altes Brötchen
200 ml Gemüsebrühe
400 g Schweinehackfleisch

1 Ei
2 TL Majoran
Salz, Pfeffer
Cayennepfeffer
1 TL Kümmel
2 EL Senf
1 Zucchini
2 rote Paprika

1 Lauchstange
250 g Kirschtomaten
2 EL Olivenöl
etwas Gemüsebrühe
Fett für die Form
200 g Butterkäse
1 Bund Salbei

Den Backofen auf 200°C vorheizen. Die Zwiebel und den Knoblauch schälen und fein würfeln. Das Brötchen in Scheiben schneiden, in etwas warmem Wasser einweichen und gut ausdrücken. 200 ml Brühe erhitzen. Das Brötchen mit dem Hackfleisch, dem Ei, den Zwiebel- und Knoblauchwürfeln, den Gewürzen und dem Senf zu einem glatten Teig verarbeiten. Mit einem Teelöffel Teig abstechen, zu Bällchen formen und bei mittlerer Hitze in der Brühe mindestens 10 Minuten garen. Das Gemüse putzen und waschen. Die Zucchini entkernen und würfeln. Die Paprikaschoten vierteln, entkernen und in Streifen schneiden. Den Lauch längs einritzen, gut ausspülen und in Ringe schneiden. Das Olivenöl in einer Pfanne erhitzen, das Gemüse (die Tomaten als Ganzes) darin andünsten und mit etwas Brühe löschen. Eine feuerfeste Form gut fetten, das Gemüse hinein geben, die Hackbällchen darauf verteilen und mit dem geriebenen Butterkäse bestreuen. Den Salbei waschen, trocken schütteln und abzupfen. Die Form 15 Minuten im Ofen lassen, mit Salbei bestreuen und servieren.

# Tierisches auf Zwergenart
## Fleisch

## Saure Kutteln

(4 Portionen)  
800 g Kutteln  
2 Zwiebeln  
3 EL Öl  

4 EL Mehl  
1 l Fleischbrühe  
Salz  
8 Pfefferkörner  

1 Lorbeerblatt  
1 Gewürznelke  
etwas Essig  
80 ml Rotwein  

Die Kutteln gut waschen, in feine Streifen schneiden, in einem Topf mit Wasser bedecken, 10 Minuten köcheln, abgießen und in frischem Wasser 2 Stunden köcheln. Für die Soße die Zwiebeln schälen und fein würfeln. Das Öl in einem Topf erhitzen und das Mehl darin unter Rühren hellbraun rösten. Die Zwiebelwürfel hinzu fügen, andünsten und unter kräftigem Rühren mit der Brühe löschen. Die Gewürze und Essig nach Geschmack in den Topf geben, 20 Minuten köcheln und in einen anderen Topf absieben. Die Soße mit Salz, Pfeffer und Wein abschmecken, die weichen Kutteln hinein geben und servieren. Dazu passen Spätzle, Bratkartoffeln und Salat.

## Kalbsfrikadellen Onar

(4 Portionen)  
400 g Kalbshackfleisch  
4 Eigelb  
1 TL Salz  

1 Prise weißer Pfeffer  
200 ml süße Sahne  
3 EL Paniermehl  
3 EL Butter

Das gut gekühlte Hackfleisch, die 4 Eigelb, Salz und Pfeffer in einer Schüssel mit dem Knethaken des Handrührgeräts mischen. Die Sahne nach und nach unterrühren, das Ganze mit den Händen rasch zu einem glatten Teig verarbeiten, in 8 Portionen teilen, daraus Frikadellen formen und flach drücken. Das Paniermehl auf einen flachen Teller geben, die Frikadellen darin beidseitig wälzen und in der heißen Butter auf jeder Seite 4 Minuten ausbacken. Auf 4 Teller verteilen, mit dem Bratensatz begießen und servieren. Dazu passen Kartoffelpüree und Zuckerschoten.

## Himmel und Erde

(4 Portionen)
1 kg mehlig kochende Kartoffeln
2 Äpfel
2 EL Zucker
2 EL Zitronensaft
2 Zwiebeln
½ kg Blutwurst
Salz, Pfeffer
1 Prise Muskat
1 EL Butter
125 g Speckwürfel

Die Kartoffeln waschen, schälen, vierteln und 15 Minuten in Salzwasser garen. Die Äpfel waschen, schälen, entkernen, würfeln, mit dem Zucker und dem Zitronensaft in einem Topf aufkochen und bei mittlerer Hitze köcheln, bis sie zerfallen. Die Zwiebeln schälen und in feine Ringe schneiden. Die Blutwurst in Scheiben schneiden. Die Kartoffeln abgießen, mit dem Apfelkompott vermischen und mit Salz, Pfeffer und Muskat abschmecken. In einer Pfanne die Butter erhitzen, die Speckwürfel, dann die Wurstscheiben und die Zwiebelringe darin goldbraun braten und mit den Kartoffeln auf 4 Tellern servieren.

## Tierisches auf Zwergenart
### Fleisch

## Rollbraten Burgunder Art

(4 Portionen)  
etwas Butterschmalz  
1 kg gepökelter Rollbraten  

1 Bund Suppengrün  
1 Zwiebel  
180 ml Brühe  
¼ l Rotwein  
1 Lorbeerblatt  

3 Wacholderbeeren  
7 Pfefferkörner  
Salz, Pfeffer  
etwas Soßenbinder  

Das Schmalz in einem Bräter erhitzen. Den Braten waschen, trocken tupfen, ringsum darin scharf anbraten und heraus nehmen. Das Suppengrün waschen, nach Bedarf schälen und zerkleinern. Die Zwiebel schälen, würfeln und mit dem Suppengrün im Bräter andünsten. Das Fleisch wieder dazu geben, mit der Brühe und dem Wein löschen, die Gewürze hinzu fügen und bei mittlerer Hitze abgedeckt mindestens 1 Stunde köcheln. Das Fleisch heraus nehmen, den Sud absieben und das Gemüse durchstreichen. Die Soße nach Packungsangabe mit Soßenbinder eindicken, mit Salz und Pfeffer abschmecken, das Fleisch in Scheiben schneiden und mit der Soße servieren.

## Schinken Balbaron

(4 Portionen)   1 kg gepökelter Schinken   (ungeräuchert)

Den Backofen auf 130°C vorheizen. Den Schinken auf das Ofengitter legen, die Fettpfanne darunter schieben und mit Wasser füllen. Den Schinken 3 Stunden im Ofen garen. Dazu passen Kartoffel- oder Nudelsalat und grüne Salate mit Brot.

# Schinkenbraten mit Kruste

(4 Portionen)
3 Möhren
¼ Sellerieknolle
1 Zwiebel
2 Knoblauchzehen
1 kleine Lauchstange
1 kg gepökelter Schinkenbraten (mit Schwarte)

1½ TL Senf
etwas Paprika edelsüß
Salz, Pfeffer
3 EL Öl
650 ml Rotwein
¼ l Brühe
1½ TL Soßenbinder

Den Backofen auf 200°C vorheizen. Die Möhren, den Sellerie, die Zwiebel und den Knoblauch schälen. Den Lauch putzen, längs einritzen und gut waschen. Alles grob zerkleinern. Den Braten waschen, trocken tupfen, ringsum mit Senf bestreichen und mit Paprikapulver, Salz und Pfeffer würzen; die Schwarte rautenförmig einschneiden. Das Öl in einem Bräter erhitzen, das Fleisch ringsum darin scharf anbraten, die Schwarte nach unten legen, mit 125 ml heißem Wasser aufgießen und den Braten in den Ofen geben. Dabei immer wieder mit Wein oder Brühe auffüllen und den Braten damit beträufeln. Nach 50 Minuten den Braten wenden und die Hitze auf 180°C reduzieren. Den Braten nicht weiter begießen und mindestens 10 Minuten knusprig-braun überbacken. Die Soße absieben und mit dem Soßenbinder kurz aufkochen. Das Fleisch in Scheiben schneiden und mit der Soße servieren. Dazu passen Nudeln, Knödel, grüne Bohnen und Salat.

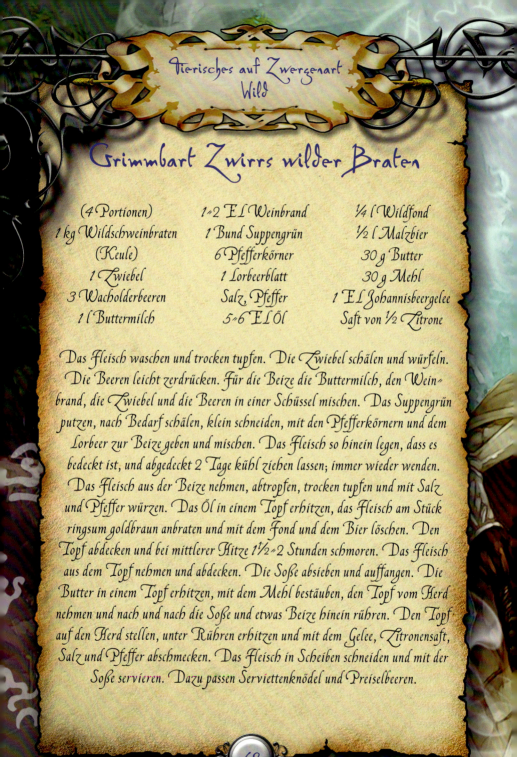

## Tierisches auf Zwergenart
### Wild

# Grimmbart Zwirrs wilder Braten

(4 Portionen)  
1 kg Wildschweinbraten (Keule)  
1 Zwiebel  
3 Wacholderbeeren  
1 l Buttermilch  
1–2 EL Weinbrand  
1 Bund Suppengrün  
6 Pfefferkörner  
1 Lorbeerblatt  
Salz, Pfeffer  
5–6 EL Öl  
¼ l Wildfond  
½ l Malzbier  
30 g Butter  
30 g Mehl  
1 EL Johannisbeergelee  
Saft von ½ Zitrone

Das Fleisch waschen und trocken tupfen. Die Zwiebel schälen und würfeln. Die Beeren leicht zerdrücken. Für die Beize die Buttermilch, den Weinbrand, die Zwiebel und die Beeren in einer Schüssel mischen. Das Suppengrün putzen, nach Bedarf schälen, klein schneiden, mit den Pfefferkörnern und dem Lorbeer zur Beize geben und mischen. Das Fleisch so hinein legen, dass es bedeckt ist, und abgedeckt 2 Tage kühl ziehen lassen; immer wieder wenden. Das Fleisch aus der Beize nehmen, abtropfen, trocken tupfen und mit Salz und Pfeffer würzen. Das Öl in einem Topf erhitzen, das Fleisch am Stück ringsum goldbraun anbraten und mit dem Fond und dem Bier löschen. Den Topf abdecken und bei mittlerer Hitze 1½–2 Stunden schmoren. Das Fleisch aus dem Topf nehmen und abdecken. Die Soße absieben und auffangen. Die Butter in einem Topf erhitzen, mit dem Mehl bestäuben, den Topf vom Herd nehmen und nach und nach die Soße und etwas Beize hinein rühren. Den Topf auf den Herd stellen, unter Rühren erhitzen und mit dem Gelee, Zitronensaft, Salz und Pfeffer abschmecken. Das Fleisch in Scheiben schneiden und mit der Soße servieren. Dazu passen Serviettenknödel und Preiselbeeren.

# Rosmarinmedaillons vom Reh

(4 Portionen)  
6 Schalotten  
8 Wacholderbeeren  
60 g Butter  
2 EL Butter  
900 ml Wildfond  
3 unbehandelte Orangen  
4 EL Butterschmalz  
8–12 Rehmedaillons  
2–3 Stängel Rosmarin  
3 EL Weißwein  
3 EL Grand Marnier  
Salz, Pfeffer

Für die Wildfondmischung die Schalotten schälen und fein würfeln. Die Wacholderbeeren zerdrücken. 60 g Butter in den Gefrierschrank legen. 2 Esslöffel Butter in einer Pfanne erhitzen, die Schalotten und die Beeren darin glasig dünsten, mit dem Fond löschen und 15 Minuten ziehen lassen. Die Orangen heiß waschen, trocken tupfen und mit dem Sparschäler schälen, das Weiße entfernen, die Filets auslösen und den Saft auffangen. Die Medaillons waschen und trocken tupfen. Das Schmalz in der Pfanne erhitzen, das Fleisch mit dem Rosmarin beidseitig je 3 Minuten anbraten, heraus nehmen, in Alufolie wickeln und warm halten. Das Fett vorsichtig aus der Pfanne schöpfen. Die Fondmischung in die Pfanne mit dem Bratensatz sieben, unter Rühren aufkochen, den Wein, den aufgefangenen Orangensaft und den Grand Marnier hinein rühren, mit Salz und Pfeffer abschmecken und die gekühlte Butter nach und nach unterschlagen. Die Soße vom Herd nehmen und mit dem Handrührgerät schaumig schlagen. Die Rehmedaillons auf einer Platte anrichten, mit etwas Soße beträufeln, mit den Orangenfilets garnieren und mit der restlichen Soße servieren. Dazu passen Nudeln, Spätzle, Kartoffeln, Grießschnitten, Preiselbeeren, gebratene Apfelringe und Salat.

Tipp: Die in Alufolie gewickelten Rehmedaillons können bei 65°C im Backofen warm gehalten werden, sie garen dann bei Niedrigtemperatur noch etwas nach.

## Tierisches auf Zwergenart
### Geflügel

# Hühnerfrikassee

(4 Portionen)
1 Bund Suppengemüse
2 Zwiebeln
1 Suppenhuhn
1 Petersilienwurzel
2 Lorbeerblätter
4 Gewürznelken

2–3 EL Gemüsefond
6 Stangen Spargel
8–10 Champignons
90 g Butter
3–4 EL Mehl
800 ml Hühnersud
200 ml süße Sahne

Salz, Pfeffer
Muskat
Gemüsebrühpulver
2–3 EL Zitronensaft
80 ml Weißwein
1 Glas Kapern
3 EL Petersilie

Das Suppengemüse waschen, nach Bedarf schälen und zerkleinern. Die Zwiebeln schälen und würfeln. Das Huhn waschen, abtropfen, mit dem Suppengemüse, der Petersilienwurzel, dem Lorbeer, den Nelken und dem Gemüsefond mit reichlich Wasser in einem Topf aufkochen und bei mittlerer Hitze mindestens 2 Stunden köcheln. Den Spargel schälen, in Stücke schneiden, in einem Topf mit Salzwasser bedeckt 15 Minuten garen. Die Champignons putzen und in Scheiben schneiden. Etwas Butter in einer Pfanne erhitzen, die Champignons kurz darin andünsten und abtropfen lassen. Das Suppenhuhn aus dem Sud nehmen, abkühlen, die Haut entfernen, das Fleisch von den Knochen lösen und würfeln. Das Gemüse aus der Brühe schöpfen; es wird nicht verwendet. Die Brühe absieben und 1 Liter davon auffangen. Die restliche Butter in einem Topf schmelzen, mit dem Mehl bestreuen und unter Rühren andünsten. Den Topf vom Herd nehmen, unter kräftigem Rühren nach und nach den Hühnersud hinzu fügen, zurück auf den Herd stellen, aufkochen und 15 Minuten köcheln und eindicken lassen. Die Sahne hinein geben, mit Salz, Pfeffer, Muskat, etwas Brühpulver,

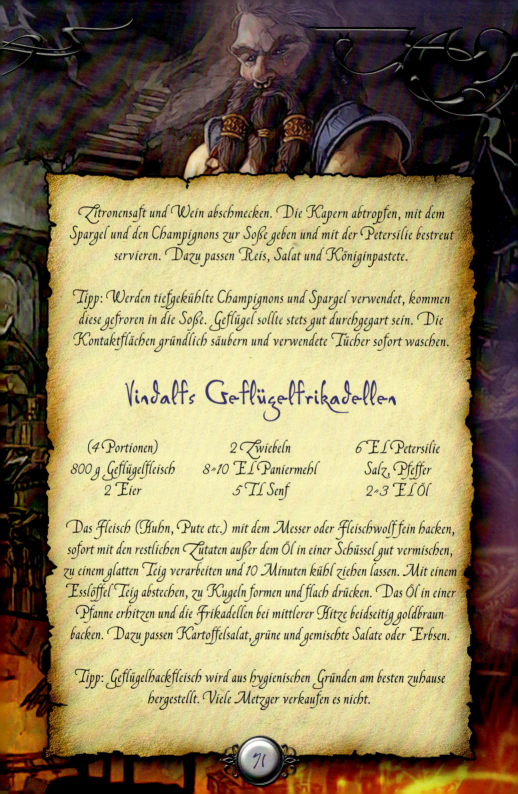

Zitronensaft und Wein abschmecken. Die Kapern abtropfen, mit dem Spargel und den Champignons zur Soße geben und mit der Petersilie bestreut servieren. Dazu passen Reis, Salat und Königinpastete.

Tipp: Werden tiefgekühlte Champignons und Spargel verwendet, kommen diese gefroren in die Soße. Geflügel sollte stets gut durchgegart sein. Die Kontaktflächen gründlich säubern und verwendete Tücher sofort waschen.

### Vindalfs Geflügelfrikadellen

| (4 Portionen) | 2 Zwiebeln | 6 EL Petersilie |
| 800 g Geflügelfleisch | 8–10 EL Paniermehl | Salz, Pfeffer |
| 2 Eier | 5 TL Senf | 2–3 EL Öl |

Das Fleisch (Huhn, Pute etc.) mit dem Messer oder Fleischwolf fein hacken, sofort mit den restlichen Zutaten außer dem Öl in einer Schüssel gut vermischen, zu einem glatten Teig verarbeiten und 10 Minuten kühl ziehen lassen. Mit einem Esslöffel Teig abstechen, zu Kugeln formen und flach drücken. Das Öl in einer Pfanne erhitzen und die Frikadellen bei mittlerer Hitze beidseitig goldbraun backen. Dazu passen Kartoffelsalat, grüne und gemischte Salate oder Erbsen.

Tipp: Geflügelhackfleisch wird aus hygienischen Gründen am besten zuhause hergestellt. Viele Metzger verkaufen es nicht.

## Tierisches auf Zwergenart
### Geflügel

# Gänsebraten mit Honigglasur

(4–6 Portionen)
300 g Backpflaumen
1 küchenfertige Gans
Salz, Pfeffer
2–3 EL Beifuß
1 Scheibe Schwarzbrot
4 Äpfel
50 g gewürfelter Speck
2 EL Zucker
3 Möhren
¼ Sellerieknolle
1 Zwiebel
4 EL Honig
8 EL Bier
Crème fraîche
Soßenbinder

Die Pflaumen am Vortag entsteinen und mit Wasser bedeckt über Nacht einweichen. Den Backofen auf 180°C vorheizen. Die Gans waschen, trocken tupfen und innen und außen mit Salz, Pfeffer und Beifuß einreiben. Für die Füllung das Schwarzbrot sehr fein hacken, 3 Äpfel schälen, entkernen und würfeln und beides in einer Schüssel mit den abgetropften Pflaumen und dem Zucker gut mischen. Die Gans damit füllen und die Öffnung mit Spießen verschließen oder zunähen. Einen großen Bräter mit etwas Wasser füllen und die Gans hinein legen. Den restlichen Apfel, die Möhren, den Sellerie und die Zwiebel schälen, grob zerkleinern, um die Gans legen und im Ofen goldbraun braten (1 Stunde je kg Körpergewicht der Gans). Die Soße nach Bedarf mit Wasser (oder Wein, Apfelsaft) auffüllen, die Gans stündlich wenden und immer wieder mit Bratenfond beträufeln. Den Honig mit dem Bier mischen, die Gans ½ Stunde vor Ende der Garzeit damit bestreichen, fertig überbacken, aus dem Ofen nehmen, zerteilen, auf einer Platte anrichten und mit der Füllung garnieren. Den Bratenfond mit Wasser oder Brühe lösen, durch ein Sieb streichen, aufkochen, nach Bedarf Crème fraîche und Soßenbinder hinzu fügen und mit der Gans servieren. Dazu passen Semmelknödel und Wirsing mit gerösteten Walnüssen.

Tipp: Die Gans kann auch in der Fettpfanne ausgebacken werden.

# Gefüllte Apfelenten

(4 Portionen)  2 EL Salz  3 Äpfel
2 küchenfertige Enten  1 Bund Beifuß  etwas Stärkemehl

Die Enten gründlich waschen, trocken tupfen und innen und außen mit Salz einreiben. 1 Liter Wasser aufkochen. Den Beifuß waschen, trocken schütteln, zerkleinern und in die Enten stecken. Die Äpfel schälen, vierteln, entkernen, würfeln und in die Enten füllen. Die Öffnungen schließen, die Enten in eine großen Pfanne legen und mit dem kochenden Wasser übergießen. Die Pfanne mit dem Deckel verschließen und bei mittlerer Hitze 1 Stunde köcheln. Den Backofen auf 150°C vorheizen. Die Ente mit dem Sud in einen Bräter füllen und offen 1½ Stunden backen; immer wieder mit dem Bratensaft beträufeln und ab und zu wenden. Den Bräter aus dem Ofen nehmen und die Temperatur auf 200°C erhöhen. Die Enten auf den Rost legen und ½ Stunde goldbraun ausbacken. Die Soße in einen Topf sieben, etwas Stärkemehl mit Wasser mischen, in die Soße rühren und aufkochen. Die Ente zerteilen, auf einer Platte anrichten und mit der Soße servieren. Dazu passen Reis, Kartoffelgerichte, Pommes Frites und Pilzgemüse.

Tipp: Soll die Soße im Backofen zubereitet werden, bleibt der Bräter im Ofen. ½ Stunde vor Ende der Garzeit können halbierte, braune Champignons, 2 Handvoll grob gehackte Walnüsse und grob zerkleinerte Speckscheiben in die Soße gegeben werden.

## Tierisches auf Zwergenart
### Käse- und Eigerichte

# Überbackene Käsespätzle

(4 Portionen)  6 Eier  300 g Reibekäse
½ kg Mehl  3 EL Öl  4 Zwiebeln
 Salz

Das Mehl, die Eier, 1 Esslöffel Öl und reichlich Salz in einer Rührschüssel gut mischen und mit dem Knethaken nach und nach etwa ¼ Liter Wasser hinein rühren, bis ein zäher Teig entsteht. Reichlich Salzwasser in einem Topf aufkochen. Den Backofen auf 180°C vorheizen. Den Teig portionsweise durch eine Spätzlepresse ins kochende Wasser drücken. Sobald die Spätzle oben schwimmen, abschöpfen und abtropfen lassen. Die abgetropften Spätzle in eine feuerfeste Form schichten, mit einem Teil des geriebenen Käses (Emmentaler, Allgäuer etc.) bestreuen und jede Schicht mit Salz und Pfeffer würzen. Mit dem restlichen Teig ebenso verfahren. Die Käsespätzle 15 Minuten im Ofen überbacken. Die Zwiebeln schälen, halbieren und in feine Scheiben schneiden. Den Rest Öl in einer Pfanne erhitzen und die Zwiebeln darin goldbraun braten. Die Spätzle aus dem Ofen nehmen und reichlich mit Zwiebeln bestreut servieren. Dazu passt grüner Salat.

Tipp: Nach Geschmack kann ein Teil der Zwiebeln schon beim Schichten mitverwendet werden. Geschabte Spätzle können mit einem Messer oder Teigschaber direkt ins Kochwasser gegeben werden. Spätzle aus dem Handel werden vorher erwärmt.

# Panierter Camembert

(4 Portionen)  
2 Eier  
4 EL Milch  

einige Semmelbrösel  
4 Stück Camembert  
reichlich Öl  

12 Scheiben Salatgurke  
4 EL Sahnemeerrettich  
4 EL Preiselbeeren  

Die Eier mit der Milch in einem tiefen Teller verquirlen. Die Semmelbrösel in einen weiteren tiefen Teller geben. Einen Camembert im Ei wenden, dann in den Semmelbröseln wälzen. Mit den restlichen Käse ebenso verfahren. In einer großen Pfanne reichlich Öl erhitzen und die panierten Käse beidseitig goldbraun backen. Für die Garnitur auf 4 Tellern je 3 Scheiben Salatgurke fächerförmig anrichten. Jeden Gurkenfächer mit Sahnemeerrettich und Preiselbeeren garnieren, die Camemberts darauf legen und servieren. Dazu passen grüner Salat, Gurkensalat und frisches Bauernbrot.

# Eier in Senfsoße

(4 Portionen)  
4 EL Butter  
100 g gewürfelter Schinkenspeck  

1 kleine Zwiebel  
2-3 EL Mehl  
700 ml heiße Gemüsebrühe  

Salz, Pfeffer  
1 EL Senf  
1 Prise Zucker  
6 hart gekochte Eier  

Einen Esslöffel Butter in einem Topf erhitzen, den Speck hinzu fügen und knusprig anbraten. Die Zwiebel schälen, fein würfeln, dazu geben und glasig dünsten. Die restliche Butter in den Topf geben, schmelzen, mit dem Mehl bestäuben und nach und nach die Brühe hinein rühren. Die Soße unter ständigem Rühren eindicken lassen und mit Salz, Pfeffer, Senf und Zucker abschmecken. Die Eier schälen, in die Soße legen, 10 Minuten ziehen lassen und servieren. Dazu passen Reis, Kartoffeln und grüner Salat.

## Tierisches auf Zwergenart
### Käse- und Eigerichte

## Pilzpfannkuchen Fili

(4 Portionen)  
250 g Mehl  
½ l Milch  
4 Eier  

Salz, Pfeffer  
1 Prise Zucker  
2 Zwiebeln  
½ kg Champignons  
reichlich Öl  

250 g gewürfelter Speck  
1 EL Tomatenmark  
200 ml süße Sahne  
4 EL Petersilie  

Mehl, Milch, Eier, Salz und Zucker in einer Schüssel zu einem dünnflüssigen Teig mischen und 15 Minuten quellen lassen. 4 Teller bei 50°C im Backofen vorwärmen. Die Zwiebeln schälen und würfeln. Die Champignons putzen und vierteln. Etwas Öl in einer Pfanne erhitzen und den Speck darin kurz anbraten. Die Zwiebeln dazu geben und glasig dünsten. Die Champignons, dann das Tomatenmark hinzu fügen, kurz anbraten, mit der Sahne löschen und mit Salz und Pfeffer abschmecken. Aus dem Teig portionsweise 4 Pfannkuchen ausbacken (Öl nachfüllen!). Einen Pfannkuchen auf den warmen Teller legen, auf eine Hälfte ein Viertel der Füllung streichen und zusammenklappen. Mit den restlichen Pfannkuchen ebenso verfahren, mit der gehackten Petersilie bestreuen und sofort servieren. Dazu passt grüner Salat.

## Apfelpfannkuchen Sindri

(4 Portionen)  
250 g Weizenmehl  
½ l Milch  

4 Eier  
1 Prise Salz  
3 EL Zucker  
½ TL Backpulver  

3 Äpfel  
6 EL Öl  
Zimt

Mehl, Milch, Eier, Salz, 1 Esslöffel Zucker und Backpulver in einer Schüssel mit dem Handrührgerät zu einem dickflüssigen Teig verarbeiten. Die Äpfel schälen, vierteln, entkernen und in dünne Scheiben schneiden. Das Öl in einer Pfanne erhitzen, den Teig portionsweise hinein geben, verteilen, rasch mit den Apfelscheiben belegen und beidseitig bei mittlerer Hitze goldbraun ausbacken. Die Pfannkuchen auf einer Platte anrichten und am Tisch mit Zimt und dem Rest Zucker bestreuen.

Tipp: Apfelpfannkuchen kann eine süße Hauptmahlzeit oder, mit angepassten Zutaten, ein Dessert sein. Zum Ausbacken muss immer genug Fett oder Öl vorhanden sein; dieses gut heiß werden lassen.

## Pfaffenbäuchlein

| (4 Portionen) | Salz | 8 Scheiben Käse |
|---|---|---|
| 200 g Mehl | ½ l Milch | etwas Mehl |
| 2 Eier | reichlich Öl | etwas Paniermehl |
|  | 8 Scheiben Schinken | 2 Eier |

Das Mehl, die Eier, das Salz und die Milch mit dem Handrührgerät mischen. Den Teig 15 Minuten ziehen lassen und mit reichlich Öl in der Pfanne zu 8 dünnen Pfannkuchen ausbacken. Die Pfannkuchen mit je einer Scheibe Schinken und Käse (Gouda, Butterkäse etc.) belegen. Die Pfannkuchenseiten über die Füllung klappen und damit zu einem Päckchen schließen. Das Mehl und das Paniermehl in je einen tiefen Teller geben. Die Eier in einen tiefen Teller aufschlagen und verquirlen. Die Pfannkuchenpäckchen zuerst im Mehl, dann mit dem Ei und mit dem Paniermehl panieren. Reichlich Öl oder Frittierfett in einer Pfanne erhitzen, die Pfaffenbäuchlein schwimmend ausbacken, heraus nehmen, auf Küchenpapier abtropfen und servieren. Dazu passen grüne und gemischte Salate.

# Aus Durins Vorratshöhle

Was schafft es da, das emsig' Männlein,
hackend, schaufelnd, ganz allein?
Buddelnd eine Höhle gräbt –
weiß nicht, was ihn dazu bewegt!

Gräbt heimlich eine tiefe Kammer,
schwingt eifrig seinen Vorschlaghammer,
schafft unterirdisch er denn Platz
für seinen großen Zwergenschatz?

Das ist es nicht, was ihn antreibt.
Er gräbt um Leben und um Leib!
Was ihn fleißig macht und schneller,
ist sein neuer Vorratskeller!

(Cataleynn der Bewahrer,
Konservator des Theyghan-Clans)

## Aus Durins Vorratshöhle
## Wurst- und Fleischvorräte

# Mettwurst Muramil

(5 Gläser à 200 ml)  
800 g mageres Schweinefleisch  
200 g Rückenspeck  

20 g Pökelsalz  
¼ Tl Zucker  
¼ Tl Muskat  
1 Prise gemahlenes  

Piment  
weißer Pfeffer  

Das Fleisch waschen, trocken tupfen, in Stücke schneiden, mit dem Speck durch den Fleischwolf drehen und in einer Schüssel mit den Gewürzen und 100 ml eiskaltem Wasser mischen. Mehrere Einmachgläser zu höchstens drei Vierteln mit der Masse füllen (Rand sauber halten!), verschließen, in einen großen Topf mit Wasser stellen, nach Bedarf beschweren und das Wasser aufkochen. Die Mettwurst 1½ Stunden einkochen; nach Bedarf heißes Wasser nachfüllen. Den Topf vom Herd nehmen und die Gläser im Topf abkühlen lassen.

Tipp: Die Gläser müssen im Wassertopf locker, ohne Druck nebeneinander stehen. Ein Baumwoll- oder Leinentuch auf dem Boden verhindert das Klappern der Gläser.

# Leberwurst Dain

(5 Gläser à 200 ml)
300 g Schweineleber
600 g Schweinenacken
Salz, Pfeffer
2 kleine Zwiebeln
1–2 Lorbeerblätter

1 Scheibe Kasseler
2 EL Weinbrand
¼ TL Thymian
¼ TL Oregano
¼ TL gemahlener Koriander

1 Prise gemahlene Nelken
Pfefferkörner
2–3 EL Sahne

Die Leber (in Scheiben) und den Schweinenacken (ohne Knochen) waschen und trocken tupfen. Den Schweinenacken in einen großen Topf mit 1 Liter Wasser geben, salzen und pfeffern. Die Zwiebeln schälen, mit dem Lorbeer dazu geben und 15 Minuten köcheln. Das Kasseler (ohne Knochen) hinzu fügen und ½ Stunde köcheln. Die Leber in einer flachen Schüssel mit dem Weinbrand übergießen und kühl ziehen lassen. Den Schweinenacken, das Kasseler und die Zwiebeln abschöpfen, durch den Fleischwolf drehen und in eine Schüssel geben. Den Sud beiseite stellen. Die Leber abtropfen, sehr fein hacken oder pürieren, in die Schüssel zu dem anderen Fleisch geben, die Gewürze und die Sahne hinzu fügen. Nach und nach etwas Sud unterrühren, bis ein homogener Fleischteig entsteht. Diesen zwei Drittel hoch in sterilisierte Einmachgläser füllen, den Rand sauber lassen. Die Gläser verschließen, in einen großen Topf stellen und mit Wasser bedecken. Das Wasser aufkochen. Die Leberwurst 1½ Stunden köcheln und nach Bedarf heißes Wasser nachfüllen. Den Topf vom Herd nehmen und die Gläser im Topf abkühlen lassen. Die Wurst kühl aufbewahren und innerhalb von 3 Monaten verbrauchen.

Tipp: Die Gläser kühl aufbewahren und immer wieder kontrollieren. Der Glasrand muss sauber bleiben, sonst werden die Gläser undicht. Bei größeren Gläsern verlängert sich die Einmachzeit. Der Sud kann als Fond eingekocht oder portionsweise eingefroren werden.

## Aus Durins Vorratshöhle
## Wurst- und Fleischvorräte

# Pökelschinken

(1 Portion)  
4 g Pfeffer aus der Mühle  
9 g Zucker  

70 g Pökelsalz  
4 Knoblauchzehen  
1 kg Schweinefleisch (Keule)  

1 Brat- und Kochschlauch

Für die Beize 800 ml Wasser mit dem Pfeffer, dem Zucker und dem Pökelsalz in einen Topf geben. Den Knoblauch schälen und dazu geben. Das Wasser kurz aufkochen, den Topf vom Herd nehmen und abkühlen. Das Fleisch (mit Schwarte) waschen, trocken tupfen und in eine Schüssel geben. Die abgekühlte Beize so darüber gießen, dass es vollständig bedeckt ist. Die Schüssel abgedeckt kühl stellen und 7 Tage in der Beize ziehen lassen; das Fleisch alle 2 Tage wenden. In einem großen Topf Wasser aufkochen. Das Fleisch aus der Schüssel nehmen, in einen Brat- und Kochschlauch legen und ca. 200 ml Pökelbeize hinzu fügen. Die Luft so gut wie möglich aus dem Bratschlauch saugen, die Enden gut verknoten und in den Topf mit dem kochenden Wasser geben. Die Hitze leicht auf 80-90°C reduzieren und den Bratschlauch 2-2½ Stunden garen. Den Topf vom Herd nehmen und den Schinken im Wasser abkühlen lassen. Den Bratschlauch heraus nehmen, trocken tupfen, den Schinken heraus holen und vor dem Servieren in dünne Scheiben schneiden.

Tipp: Pökelsalz ist beim Metzger und im Versandhandel erhältlich.

## Pökelrind

(4 Portionen)  
1 TL grob zerstoßener,  
schwarzer Pfeffer  
1 TL Zucker  
120 g Pökelsalz  
1 kg Rindfleisch (falsches Filet)

Für die Beize ½ Liter Wasser mit den Gewürzen in einem Topf aufkochen und abkühlen lassen. Das Fleisch waschen, trocken tupfen und in einen Gefrierbeutel geben. Die abgekühlte Beize in den Beutel füllen, gut verschließen und mindestens 3 Wochen kühl marinieren, dabei immer wieder vorsichtig wenden. Das Fleisch aus dem Beutel nehmen und weiter verarbeiten.

## Lammschinken

(1 Portion)  
1 kg Lammkeule  
140 g Pökelsalz  
8 g Zucker  
Wacholderschnaps

Die Keule (ohne Knochen) waschen, trocken tupfen und mit möglichst glatten Schnitten in 2 Stücke teilen. Das Pökelsalz gut mit dem Zucker mischen, das Fleisch mit der Mischung gründlich einreiben und jedes Stück Fleisch in einen Gefrierbeutel geben. Die Luft aus dem Beutel drücken und möglichst luftdicht verschließen. Das Fleisch 4 Wochen im Kühlschrank lassen, den Beutel dabei täglich wenden und das Salz (bei geschlossenem Beutel) einmassieren. Das Fleisch aus dem Beutel nehmen, jedes Stück an einen großen S-Metallhaken mit Spitze hängen, ca. 5 Wochen in einem kühlen Raum (unter 12°C) trocknen lassen; entstehenden Schimmel regelmäßig gründlich mit Schnaps abwischen.

Tipp: Beim Lufttrocknen den Schinken eventuell mit einem Fliegennetz vor Ungeziefer schützen. Kleine Schinken sind nach 5 Wochen fertig, große später.

## Aus Durins Vorratshöhle
## Käse und Cremiges

# Buttermilchquark

(1 Portion)
1 l Buttermilch

Die Buttermilch in einem Topf auf kleinster Stufe ca. 12 Stunden warm halten (nicht zu heiß werden lassen). Den Topf vom Herd nehmen und die Milch abkühlen. Ein Sieb mit einem Tuch auslegen und über eine Schüssel hängen. Die Buttermilch einfüllen und über Nacht abtropfen lassen.

Tipp: Es entsteht ein trockener Quark. Statt Buttermilch kann auch Joghurt verwendet werden, dieser wird nur abgetropft und nicht erwärmt.

# Frischkäse Nordri

(1 Portion) 300 ml süße Sahne Salz, Pfeffer
600 ml Dickmilch gemischte Kräuter

Die Dickmilch in einem Topf mit der Sahne und nach Geschmack den Kräutern (frisch oder TK), Salz und Pfeffer mischen. Den Topf abgedeckt über Nacht kühl stellen. Ein Sieb mit einem Tuch auslegen, die Mischung hinein geben und 1-2 Tage im Kühlschrank abtropfen, bis die gewünschte Konsistenz erreicht ist.

Tipp: Der Frischrahmkäse gelingt auch mit Quark, Schmand und süßer Sahne.

# Frischkäse Sudri

(1 Portion)
1 l Vollmilch
75 g Joghurt
Saft von 1 Zitrone

Die Milch in einem großen Topf aufkochen, vom Herd nehmen, den Joghurt und den Zitronensaft mit einem Kochlöffel vorsichtig hinein rühren und einige Zeit stehen lassen. Ein Sieb mit einem großen Tuch auslegen. Die Molke abgießen, die restliche Masse vorsichtig in das Sieb geben, gut abtropfen und abkühlen. Das Tuch an den Ecken zusammen nehmen und die restliche Flüssigkeit gut auspressen. Backpapier auf ein Blech legen, die Masse darauf zu einem flachen Rechteck ausbreiten, mit einem weiteren Backpapier bedecken und für einige Stunden mit einem Brettchen und Dosen, gefüllten Tetrapaks etc. beschweren, bis der Frischkäse schnittfest wird. Den Käse vor dem Servieren in kleine Würfel schneiden und innerhalb von 3 Tagen verbrauchen. Er kann mit Salz und frischem Koriander gewürzt werden und passt gut zu Salaten.

Tipp: Die Molke kann getrunken, mit Joghurt gemischt oder zum Kochen verwendet werden.

## Aus Durins Vorratshöhle
## Käse und Cremiges

# Virfirs Harzer Creme

(2–3 kleine Käsestücke)
½ kg Magerquark
2–3 EL Sahne
¼–½ TL Salz
½ TL Kümmel
1 TL Natron

Ein Sieb mit einem Baumwoll- oder Leinentuch auslegen und über eine Schüssel hängen. Den Quark 1 Stunde im Kühlschrank abtropfen, mit der Sahne in eine Schüssel geben, mit den Gewürzen mischen und abgedeckt bei Zimmertemperatur 3 Stunden ruhen lassen. Die Mischung mit dem Schneebesen gründlich durchrühren, in eine kleine Schüssel geben und mindestens 4 Tage reifen lassen. Dazu passen frisches Bauernbrot, Kartoffeln und Salate. Tipp: Je mehr Flüssigkeit im Quark enthalten ist, umso weicher wird der Käse. Das Rezept ergibt einen cremigen, nach Harzer schmeckenden Streichkäse, der bei längerer Lagerung fester wird. Für einen noch festeren Käse den Quark 2–3 Tage abtropfen und die Masse wie beschrieben zubereiten. Aus dem festeren Quarkteig Rollen formen und auf einem feinen Gitter mindestens 7 Tage im Kühlschrank reifen lassen.

# Laufender Käse aus dem Zwergenkeller

(1 Portion, 600 g)  
300 g Quark  
200 ml süße Sahne  
100 g Butter  
1 TL Natron  
½ TL Kümmel  
Salz, Pfeffer  

Den Quark in ein Baumwoll- oder Leinentuch füllen, die Ecken zusammen nehmen, die Flüssigkeit gut auspressen und über Nacht abtropfen lassen. Die Sahne mit der Butter in einem kleinen Topf aufkochen, vom Herd nehmen, die Mischung handwarm abkühlen und den Quark vorsichtig unterheben. Die Quarkmischung mit dem Natron und den Gewürzen mischen, in eine Schüssel füllen und abgedeckt 1-2 Tage kühl ziehen lassen. Den laufenden Käse (Kochkäse) kühl aufbewahren und rasch verbrauchen.

Tipp: Der Käse wird relativ flüssig und passt zu kleinen, neuen Kartoffeln, Pellkartoffeln, Backofenkartoffeln und als Dip. Er kann auch mit fein gehacktem, in der Butter-Sahne-Mischung geschmolzenem Harzer zubereitet werden.

## Aus Durins Vorratshöhle
## Käse und Cremiges

# Käsecreme Walnuss-Basilikum

(1 Portion)  
100 g Putenbrustaufschnitt  
250 g Frischkäse  
2 EL gehackte Walnüsse  
1 EL Basilikum  
Salz, Pfeffer

Die Putenbrust fein würfeln, mit dem Frischkäse, den Walnüssen und dem gehackten Basilikum (frisch oder TK), Salz und Pfeffer in einer hohen Rührschüssel pürieren und in Glasschälchen füllen. Den Aufstrich kühl lagern und rasch verbrauchen. Dazu passen frisches Brot und Brötchen.

# Käsecreme Zwergenkräuter

(1 Portion)  
250 g Quark  
100 ml süße Sahne  
½ Becher Schmand  
2 EL Kräuter  
Salz, Pfeffer

Den Quark, die Sahne und den Schmand mischen, die gehackten Kräuter (frisch oder TK) und Gewürze hinzu fügen. Ein Sieb mit einem Tuch auslegen, die Mischung hinein füllen, über eine Schüssel hängen, in den Kühlschrank stellen und über Nacht abtropfen lassen. Den Aufstrich kühl aufbewahren und rasch verbrauchen. Dazu passt frisches Brot.

## Käsecreme Farim Nasenbeiß

(4 Portionen)  
600 g Harzer  
3 Schalotten  

100 g Butter  
100 g Quark  
4 EL Schnittlauch  

Salz, Pfeffer  
Paprika, Kümmel  
etwas Bier  

Den Harzer fein würfeln und pürieren oder mit einer Gabel zerdrücken. Die Schalotten schälen und fein würfeln. Die Butter schaumig schlagen, nach und nach den Quark und den zerkleinerten Harzer unterrühren. Die Schalotten, den gehackten Schnittlauch, die Gewürze und Bier nach Geschmack untermischen, bis eine streichfähige Masse entsteht. Die Käsemischung kühl aufbewahren und rasch verbrauchen. Dazu passen knusprige Bauernbrote, Schwarzbrot und Rettichsalat.

## Schafskäseaufstrich

(1 Portion)  
300 g weicher Schafskäse  

150 g Sahnejoghurt  
40 g eingelegte, getrocknete Tomaten  

1-2 Knoblauchzehen  
1½ TL Tomatenmark  
etwas Paprikapulver  

Den Schafskäse in eine hohe Rührschüssel bröseln und den Joghurt hinzu fügen. Die Tomaten abtropfen, würfeln und dazu geben. Den Knoblauch schälen, fein würfeln und mit dem Tomatenmark zum Schafskäse geben. Die Mischung nach Geschmack mit Paprikapulver (scharf oder edelsüß) würzen und pürieren. Die Schafskäsecreme passt gut zu Gegrilltem, Kurzgebratenem, verschiedenen Brotsorten und Fladenbrot.

## Aus Durins Vorratshöhle
## Käse und Cremiges

# Purningul der Schreckliche (Eingelegter Harzer)

(4 Portionen)
½ kg Harzer
3 große Zwiebeln
3 Knoblauchzehen
4 Wacholderbeeren
1 EL eingelegter grüner Pfeffer
½ TL Kümmel
1 EL Essig
1 EL Kräuter der Provence
etwas Öl

Den Käse würfeln. Die Zwiebeln schälen, halbieren und in feine Streifen schneiden. Den Knoblauch schälen und in Scheiben schneiden. Den Käse und die Zwiebeln im Wechsel mit den Gewürzen, dem Essig und den Kräutern (frisch oder TK) bis 2 Finger breit unter den Rand in ein Glas mit Deckel schichten, mit Öl auffüllen, bis alles bedeckt ist, und das Glas verschließen. Die Mischung mindestens 24 Stunden kühl ziehen lassen und servieren.

# Rosmarincamembert

(4 Portionen)
6 Knoblauchzehen
4 Stängel Rosmarin
2 unbehandelte Zitronen
½ kg Camembert
16 Oliven
½ l Olivenöl

Den Knoblauch schälen. Den Rosmarin waschen und trocken schütteln. Die Zitronen heiß waschen, trocken tupfen und in 8 mitteldicke Scheiben schneiden. Den Camembert würfeln. Die vorbereiteten Zutaten mit den Oliven in ein ausreichend großes Glas schichten und mit Olivenöl begießen, bis alles bedeckt ist. Den eingelegten Camembert 2 Tage kühl ziehen lassen, dann portionsweise aus dem Glas nehmen, abtropfen und genießen. Innerhalb einer Woche verbrauchen. Dazu passt frisches Bauernbrot und Vollkornbrot.

## Schafskäse im Glas

(4 Portionen)
600 g Schafskäse
1 Stängel Zitronenthymian
1 Stängel Rosmarin
3 Knoblauchzehen

100 g getrocknete, schwarze Oliven
1 TL schwarze Pfefferkörner
2 Lorbeerblätter

2 getrocknete Chilischoten
14 EL Zitronensaft
½ l Olivenöl

Den Schafskäse würfeln. Den Zitronenthymian (oder Thymian) und den Rosmarin waschen, trocken schütteln und zerkleinern. Den Knoblauch schälen, längs halbieren und mit dem Käse, den Kräutern, den Oliven und den Gewürzen im Wechsel bis 2 Finger breit unter den Rand in ein ausreichend großes Glas mit Deckel schichten. Den Zitronensaft mit dem Öl mischen und ins Glas gießen, bis alles bedeckt ist. Das Glas verschließen und kühl 3 Tage ziehen lassen; immer wieder vorsichtig schütteln. Dazu passen frisches Bauernbrot und warmes Fladenbrot.

# Der Einmachzwerg

Man sagt, die Zwerge seien gierig,
sie sammeln viel von nah und ferne.
Sei's auch zu finden ziemlich schwierig,
denn echte Zwerge horten gerne!

Und wenn sie was gefunden haben,
geben sie es niemals wieder.
Davon berichten alte Sagen
und auch so manche Zwergenlieder.

Wer Hab und Gut den Zwergen lässt,
ist selber schuld, drum sei gemahnt!
Denn dies ist klar und das steht fest:
Bei Zwergen ist es gut bewahrt!

(Almanach des großen Druhiel,
Altweiser der östlichen Gebirgskette)

## Der Einmachzwerg
## Sauerkonserven

# Verfeinerter Essig

(Mehrere Flaschen)  
1 l Wein- oder Apfelessig  
Kräuter

Der Essig kann in beliebigen Geschmacksrichtungen verfeinert werden. Dazu übergießt man frische oder getrocknete Kräuter in einer verschließbaren Flasche oder einem Einmachglas mit gutem Wein- oder Apfelessig. Das Gefäß an einem dunklen, kühlen Ort, am besten im Keller, bei 18-20°C lagern. Ab und zu mit einem Holz- oder Plastiklöffel umrühren und probieren. Sobald er einen guten Geschmack angenommen hat (nach ungefähr 2-4 Wochen), den Essig sieben oder filtern und in dunkle Flaschen füllen. So hält er sich mindestens 6 Monate. Zur Dekoration ein paar frische Kräuterzweige in die Flaschen geben.

# Kräuteressig

(1 Liter)  
2 Stängel Basilikum  
2 Stängel Thymian  
2 Stängel Majoran  
1 Stängel Rosmarin  
2 Stängel Petersilie  
2 Knoblauchzehen  
1 l Apfel- oder Weißweinessig  
1 EL Senfkörner  
1 EL schwarze Pfefferkörner

Die Kräuter waschen, trocken schütteln und grob zerkleinern. Den Knoblauch schälen und halbieren und mit den Gewürzen in den Essig einlegen. Man kann den Essig mit den Kräutern auch sofort verwenden, er muss dann ab und zu mit Essig aufgefüllt werden.

## Himbeeressig

(1 Liter)   1 Tasse reife Himbeeren   1 l Weißweinessig

Die Himbeeren waschen, abtropfen, in einem Sieb zu Mus zerdrücken und dabei den Saft auffangen. Die Himbeeren mit dem Saft in einen Glasbehälter füllen, den Essig aufgießen und alles nach 2 Wochen filtern. Den Essig in frische Flaschen füllen, zur Dekoration einige Himbeeren in die Flaschen geben und verschließen.

## Ibraschs Weinessigformel

(1 Liter)   1 l guter Wein   etwas Weinessig

Ein Gefäß zu höchstens drei Vierteln mit dem Wein (möglichst aus biologischem Anbau) füllen, mit einem Baumwoll- oder Leinentuch abdecken und an einen warmen (25°-29°C) Ort, aber nicht in die Sonne stellen. Um den Gärprozess zu beschleunigen, etwas Weinessig mit gleicher Farbe und ähnlicher Geschmacksrichtung hinzu fügen, einige Tage ziehen lassen, bis sich an der Oberfläche eine schaumig-zähe Masse bildet, die Essigmutter. Diese abschöpfen und für eine spätere Verwendung zurück legen. Die Flüssigkeit im Gefäß 5-6 Wochen ziehen lassen, dabei immer wieder das Gefäß bewegen, um Sauerstoff in die untersten Schichten zu bringen. Vorher muss die neu entstandene Essigmutter abgeschöpft und zurück gelegt werden. Sobald diese von oben nass wird, stirbt sie ab, wird unbrauchbar und muss herausgefiltert werden. Den fertigen Essig durch ein ausgekochtes Leinentuch oder einen Kaffeefilter sieben, um ihn von Heferesten, Essigälchen, die mit den Bakterien im Essig leben, und sonstigen Resten zu reinigen. Sollte der Essig zu sauer werden, wird er mit etwas Wasser verdünnt. Den Essig randvoll in sterilisierte, trockene Flaschen füllen, luftdicht verschließen und kühl und dunkel lagern.

## Der Einmachzwerg
### Marmelade, Kompott und Co.

# Groinars aromatische Brombeermarmelade

(Mehrere Gläser)
1 kg Brombeeren
100 g Zucker
125 ml Weißwein
½ kg Gelierzucker (2:1)
2 EL Zitronensaft

Die Brombeeren kalt abspülen und in einen großen Topf geben; verdorbene Früchte auslesen. In einem anderen Topf den Zucker goldgelb karamellisieren, den Wein (oder Orangensaft) darüber gießen, unter Rühren auflösen, abkühlen, über die Brombeeren geben, den Gelierzucker hinzu fügen und alles miteinander verrühren. Den Topf mit einem sauberen Tuch abdecken, 2 Stunden ziehen lassen, auf den Herd stellen, den Zitronensaft unterrühren, aufkochen und unter häufigem Rühren 4 Minuten köcheln. Die Gelierprobe machen, den Schaum mit einem Löffel abschöpfen, die Marmelade in vorbereitete sterile Gläser füllen und sofort verschließen.

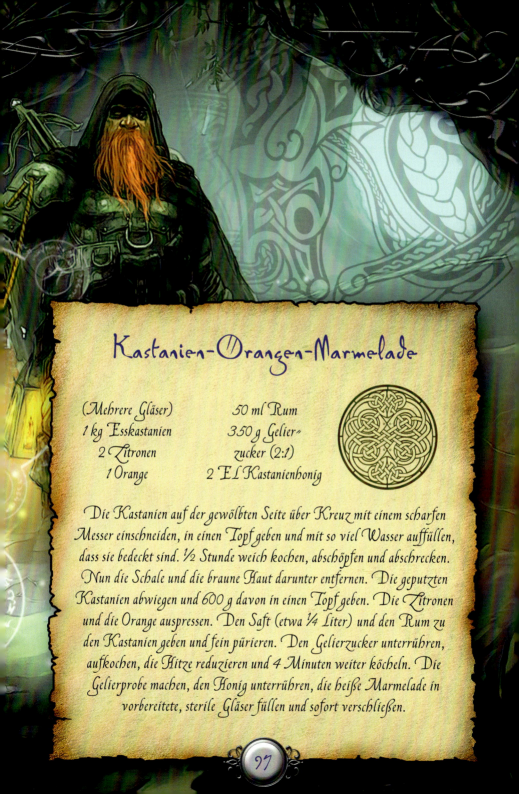

# Kastanien-Orangen-Marmelade

(Mehrere Gläser)
1 kg Esskastanien
2 Zitronen
1 Orange
50 ml Rum
350 g Gelierzucker (2:1)
2 EL Kastanienhonig

Die Kastanien auf der gewölbten Seite über Kreuz mit einem scharfen Messer einschneiden, in einen Topf geben und mit so viel Wasser auffüllen, dass sie bedeckt sind. ½ Stunde weich kochen, abschöpfen und abschrecken. Nun die Schale und die braune Haut darunter entfernen. Die geputzten Kastanien abwiegen und 600 g davon in einen Topf geben. Die Zitronen und die Orange auspressen. Den Saft (etwa ¼ Liter) und den Rum zu den Kastanien geben und fein pürieren. Den Gelierzucker unterrühren, aufkochen, die Hitze reduzieren und 4 Minuten weiter köcheln. Die Gelierprobe machen, den Honig unterrühren, die heiße Marmelade in vorbereitete, sterile Gläser füllen und sofort verschließen.

# Der Einmachzwerg
## Marmelade, Kompott und Co.

### Apfelkonfitüre Paroscha

(Mehrere Gläser)
1,2 kg Äpfel
1 Zitrone
½ kg Gelierzucker (2:1)
1 EL Lavendelblüten

Die Äpfel schälen, entkernen und klein schneiden. Die Zitrone auspressen und über die Apfelstücke träufeln. Die Apfelstücke abwiegen und 1 kg in einen hohen Topf geben. Den Zucker hinein mischen und aufkochen. Wer will, kann die Apfelstücke auch leicht pürieren. Die Blüten hinzu fügen und 3 Minuten kochen. Nach erfolgreicher Gelierprobe die Konfitüre in sterilisierte Gläser füllen und sofort verschließen.

Tipp: Nach Geschmack können die Blüten in der Marmelade bleiben oder in ein Teeei oder Teebeutel gegeben und kurz vor Ende der Kochzeit wieder entfernt werden.

## Zwetschgenmus Ubarescha

(Mehrere Gläser)     2 kg Zwetschgen     1 kg Einmachzucker

Die Zwetschgen waschen, entkernen, klein schneiden, mit dem Zucker in einen großen Topf, am besten einen Einmachtopf, schichten und mit einem sauberen Küchentuch abdecken. Mehrere Stunden ziehen lassen, bis die Zwetschgen Saft gezogen haben. Den Topf auf den Herd stellen und unter Rühren aufkochen, bis sich der Zucker gelöst hat. Die Hitze reduzieren und 1½–2 Stunden bei schwacher Hitze köcheln, bis das Zwetschgenmus dunkelrot und dick ist. Das heiße Mus in vorbereitete, sterile Gläser füllen und sofort verschließen.

Tipp: Das Mus schmeckt nach längerem Lagern noch besser.

## Hagebuttenmus aus dem Zwergenwald

(Mehrere Gläser)     ½ kg Gelier-     2 EL Zitronensaft
2 kg Hagebutten     zucker (2:1)

Die Hagebutten waschen, von Stiel und Blütenansatz befreien, in einen Topf mit 2 Litern Wasser geben und 45 Minuten bei schwacher Hitze kochen. Die sehr weichen Hagebutten mit dem Rest der Kochflüssigkeit durch die Flotte Lotte passieren oder mit dem Pürierstab zerkleinern und danach durch ein feines Sieb streichen. Das Hagebuttenpüree sollte etwa 1 kg ergeben und kann mit etwas Wasser gestreckt werden. Das Püree in einem Topf mit dem Zucker und dem Zitronensaft aufkochen und unter Rühren 4 Minuten sprudelnd kochen lassen. Nach der Gelierprobe das Mus in vorbereitete, sterile Gläser füllen und sofort verschließen.

## Der Einmachzwerg
### Marmelade, Kompott und Co.

# Kürbis-Orangen-Kompott

(Mehrere Gläser)  ½ l Orangensaft  2 Zimtstangen
3 kg Kürbisfleisch  150 ml Weißweinessig  etwas weißer Rum
1 unbehandelte Zitrone  1 kg Zucker
2 unbehandelte Orangen  6 Gewürznelken

Den Kürbis schälen, Kerne und Fasern entfernen, das Fruchtfleisch (3 kg abwiegen) klein würfeln und in einen großen Topf geben. Die Zitrone und die Orangen waschen, in dünne Scheiben schneiden und zum Kürbis geben, mit 1 Liter Wasser, dem Orangensaft und dem Essig auffüllen, den Zucker, die Gewürze und Rum nach Geschmack hinzu fügen und aufkochen. Bei reduzierter Hitze so lange köcheln, bis der Kürbis weich, aber noch bissfest ist. Den Topf vom Herd nehmen. Kürbis, Zitronen- und Orangenscheiben heraus nehmen und in vorbereitete, sterile Gläser füllen. Die Gewürze aus dem Sud entfernen, diesen nochmals aufkochen, bis zum Rand in die Gläser füllen und sofort verschließen. 1 Stunde kühl stellen.

## Saftiges Birnenmus

(Mehrere Gläser)  
4 kg saftige Birnen  
1 Vanilleschote  
1 EL Honig  
6 Gewürznelken

Die Birnen waschen, schälen, vierteln, entkernen und klein schneiden. Die Vanilleschote längs halbieren, das Mark ausschaben und mit den Birnen und der Schote in einen Topf geben. Den Honig und die Nelken hinzu fügen, mit 100 ml Wasser übergießen und bei schwacher Hitze garen, bis die Birnen weich sind; eventuell etwas Wasser nachfüllen. Die Vanilleschote und die Nelken entfernen und die Birnen pürieren. Das Mus in vorbereitete, sterile Gläser füllen, sofort verschließen und kühl aufbewahren.

## Rotes Beeren-Ketchup Dorame

(1 Portion)  
1 kg rote Beeren  
1 Schalotte  
2 Knoblauchzehen  
½ Bund Thymian  
1 EL Öl  
2 Lorbeerblätter  
1 TL Wacholderbeeren  
2 Gewürznelken  
1 Zimtstange  
150 ml Apfelessig  
50 g Zucker, Salz

Die Beeren (Himbeeren, Erdbeeren oder rote Johannisbeeren) kalt abwaschen und nach Bedarf von den Stielen befreien. Die Schalotte und den Knoblauch schälen und fein hacken. Den Thymian waschen, trocken schütteln und die Blättchen abzupfen. Das Öl in einem Topf erhitzen, die Schalotte und den Knoblauch darin andünsten. Die Kräuter, die Gewürze, den Essig (nach Geschmack auch Weißweinessig) und den Zucker hinzu fügen und vermischen. Die Mischung leicht salzen und bei reduzierter Hitze ½ Stunde köcheln, durch ein feines Sieb streichen und nochmals mit Salz abschmecken. Das Ketchup heiß in vorbereitete, sterile Gläser füllen und sofort verschließen. Dazu passt Kurzgebratenes und Gegrilltes.

# Feines für die Zwergenseele

Einst ward gesehen und erzählt,
wie heimlich und bei Mondenschein
sich durch einen Garten gräbt
ein Zwerg zum Haus der Menschelein.

Kein Zwerg geht gern zu Menschen hin.
Was er da wollte, war nicht klar.
Was war sein Plan, stand ihm im Sinn?
Was er da tat, war sonderbar!

Doch bald schon ward es völlig klar.
Die Antwort – hier geschrieben steht's:
Der Zwerg, der seltsam sich gebar,
er wollte einfach einen Keks!

(Kinderweise des Braiynn-Clans)

## Feines für die Zwergenseele
### Desserts

# Buttermilch-Creme

(4 Portionen)  6 EL Zucker  2 EL Zitronensaft
1 Vanilleschote  700 ml Buttermilch  2 Stück Zwieback
4 Eigelb  300 ml Dickmilch

Die Vanilleschote längs einritzen, das Mark ausschaben und mit den 4 Eigelb und dem Zucker in einer Schüssel schaumig schlagen, bis sich der Zucker auflöst. Die Buttermilch, die Dickmilch (oder Naturjoghurt) und den Zitronensaft nach und nach unterrühren. Den Zwieback zerdrücken. Die Creme in Dessertschalen füllen, mit den Zwiebackbröseln bestreuen und servieren.

Tipp: Die Creme kann auch mit Erdbeeren und Schlagsahne gereicht werden.

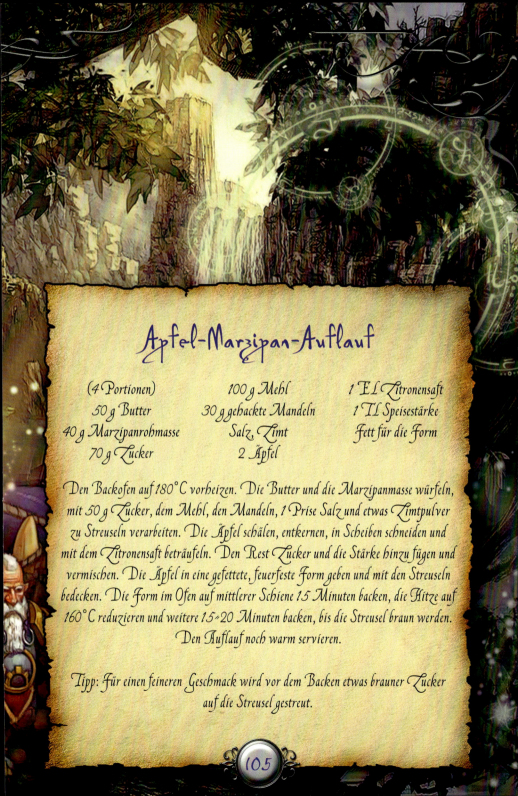

# Apfel-Marzipan-Auflauf

(4 Portionen)  
50 g Butter  
40 g Marzipanrohmasse  
70 g Zucker  
100 g Mehl  
30 g gehackte Mandeln  
Salz, Zimt  
2 Äpfel  
1 EL Zitronensaft  
1 TL Speisestärke  
Fett für die Form  

Den Backofen auf 180°C vorheizen. Die Butter und die Marzipanmasse würfeln, mit 50 g Zucker, dem Mehl, den Mandeln, 1 Prise Salz und etwas Zimtpulver zu Streuseln verarbeiten. Die Äpfel schälen, entkernen, in Scheiben schneiden und mit dem Zitronensaft beträufeln. Den Rest Zucker und die Stärke hinzufügen und vermischen. Die Äpfel in eine gefettete, feuerfeste Form geben und mit den Streuseln bedecken. Die Form im Ofen auf mittlerer Schiene 15 Minuten backen, die Hitze auf 160°C reduzieren und weitere 15-20 Minuten backen, bis die Streusel braun werden. Den Auflauf noch warm servieren.

Tipp: Für einen feineren Geschmack wird vor dem Backen etwas brauner Zucker auf die Streusel gestreut.

## Feines für die Zwergenseele – Desserts

# Gebackene Walnuss-Schokoladen-Creme

(4 Portionen)  70 g dunkle Schokolade  4 Eigelb
90 g Walnusskerne  300 ml süße Sahne  3 TL Zucker
2 TL Orangenlikör

Die Nusskerne grob hacken und in einer Pfanne bei mittlerer Hitze 2 Minuten mittelbraun rösten. Den Backofen auf 160°C vorheizen. Die Schokolade grob hacken, mit den Nüssen, der Sahne und dem Likör in einen kleinen Topf geben. Bei mittlerer Hitze unter Rühren erwärmen (nicht kochen!), bis die Schokolade geschmolzen ist. Den Topf vom Herd nehmen und etwas abkühlen lassen. Die 4 Eigelb und den Zucker in einer großen Schüssel verrühren und die Schokomasse vorsichtig rührend unterheben, sodass das Eigelb nicht gerinnt. Die Creme in 4 Soufflé-Förmchen geben, auf ein Backblech stellen, 20 Minuten backen, abkühlen und bei Raumtemperatur servieren.

Tipp: Die Schokocreme kann pur, mit Beeren oder mit Sahnehaube serviert werden.

# Arme-Zwerge-Auflauf

(4 Portionen)  
6 EL Butter  
6 alte Brötchen  
6 EL Zucker  

4 Äpfel  
1 unbehandelte Zitrone  
½ l Milch  
3 Eier  
Salz  

1 Pck. Vanillezucker  
50 g Rosinen  
½ TL Zimt  
2 EL Pinienkerne  

Den Backofen auf 200°C vorheizen. Eine große, feuerfeste Form mit 1 Esslöffel Butter einfetten. Die Brötchen (oder trockenes Weißbrot) in dünne Scheiben schneiden. In einer Pfanne 3 Esslöffel Butter mit 2 Esslöffeln Zucker unter Rühren erhitzen, bis der Zucker geschmolzen ist, dann die Brotscheiben damit bestreichen, auf ein Backblech legen und 6 Minuten im Ofen backen. Die Äpfel schälen, vierteln, entkernen, in Scheiben schneiden und mit den Brotscheiben in die Form schichten. Die Zitrone waschen, abtrocknen, die Schale fein abreiben und mit der Milch, den Eiern, 1 Prise Salz, dem Vanillezucker und dem Rest Zucker in einer Rührschüssel gut vermischen. Die Rosinen waschen und abtropfen. Die Milchmischung über die Apfel- und Brotscheiben gießen. Mit den Rosinen und dem Zimt bestreuen und auf der mittleren Schiene ½ Stunde im Ofen backen. Aus dem Rest Butter Flöckchen zupfen, mit den Pinienkernen auf dem Auflauf verteilen und 10-15 Minuten backen.

## Feines für die Zwergenseele
### Desserts

# Fruchtige Kirschgrütze

(4 Portionen)  2 EL Speisestärke  3 Stck. Sternanis
½ kg Süßkirschen  ¾ l Sauerkirschsaft  Saft von
70 g Zucker  1 Zimtstange  1 Zitrone

Die (frischen) Kirschen waschen, entsteinen und in eine Schüssel geben. Den Zucker hinzu fügen und vermischen. Die Schüssel mit einem sauberen Tuch abdecken und ½ Stunde ziehen lassen. Die Stärke mit 3 Esslöffeln Sauerkirschsaft glatt rühren. Den restlichen Saft in einem Topf mit dem Zimt und dem Sternanis aufkochen. Die Stärke einrühren und alles nochmal aufkochen, bis die Flüssigkeit eindickt, dann die Zimtstange und den Sternanis entfernen. Die Kirschen mit dem Zitronensaft in den Topf geben, vorsichtig mischen, abkühlen, zugedeckt 3 Stunden kühl stellen und gekühlt servieren.

Tipp: Schmeckt sehr lecker mit Vanillesoße

# Holunder-Pfannkuchen

(4 Portionen)  
8 Holunder-  
Blütendolden  
250 g Mehl  

1 Ei  
1 TL Backpulver  
1 EL Zucker  
125 ml Milch  

2-3 EL Rum  
Bratfett  
Zimt, Zucker  

Den Holunder unter der Dolde abpflücken, sodass ein kleiner Stiel zum Anfassen bleibt. Draußen vorsichtig ausschütteln, sodass Insekten entfliehen können, abspülen und abtropfen lassen. Aus Mehl, Ei, Backpulver, Zucker, Milch und Rum einen Pfannkuchenteig rühren und diesen ½ Stunde ruhen lassen. Die Blüten hinein tauchen, in heißem Fett 5-10 Minuten goldgelb backen, heraus nehmen, auf Küchenpapier abtropfen, mit Zimt und Zucker bestreuen und servieren.

Tipp: Holunder-Pfannkuchen sollen nach altem Glauben Fruchtbarkeit und Kindersegen fördern.

## Feines für die Zwergenseele – Kuchen

## Zwergen-Schnecken

(12 Stück)  
150 ml Milch  
½ kg Mehl  
1 Hefewürfel (42 g)  

170 g Zucker  
110 g Butter  
1 Ei  
2 Msp. gemahlene  

Vanille, Salz  
1 EL Zimt  
2 Eigelb  
1 EL süße Sahne"

Die Milch in einem Topf lauwarm erwärmen. Das Mehl in eine große Schüssel geben, in die Mitte eine Mulde formen, die Hefe hinein bröseln und mit 1 Esslöffel Zucker bestreuen. Die Milch hinzu fügen und mit der Gabel verrühren, bis sich die Hefe auflöst. Den Vorteig an einem warmen Ort 20 Minuten gehen lassen. 110 g Zucker, 60 g Butter, 1 Ei, die halbe Vanille und 1 Prise Salz hinzu fügen und mit dem Handrührgerät 10 Minuten kneten, bis sich der Teig vom Schüsselrand löst. Den Teig zugedeckt an einem warmen Ort 1 Stunde gehen lassen. Den Backofen auf 160°C vorheizen. Für die Füllung 50 g Butter in einem Topf erwärmen und abkühlen lassen. Den Teig auf einer bemehlten Arbeitsfläche zu einem 30x40 cm langen Rechteck ausrollen. Die abgekühlte Butter mit 50 g Zucker, dem Zimt, dem Rest Vanille und 1 Eigelb verrühren, darauf verteilen und den Teig von der breiten Seite her aufrollen. Die Ränder mit Wasser bepinseln und aufeinander drücken. Die Rolle in Scheiben von 3 cm schneiden und diese mit Abstand auf ein mit Backpapier belegtes Blech legen. Zum Bestreichen das übrige Eigelb und die Sahne verrühren und die Schnecken damit bepinseln. Das Blech für 20 Minuten in den Ofen geben. Die Schnecken warm servieren.

# Cremiger Apfelkuchen

(1 Tarteform 24 cm)  
Für den Hefeteig:  
100 ml Milch  
400 g Mehl  
½ Hefewürfel (21 g)  
80 g Zucker  
50 g weiche Butter  

1 Ei  
1 EL Vanillezucker  
Salz  
Für den Belag:  
400 g Äpfel  
3 EL Zitronensaft  
50 g Rosinen  

50 g Zucker  
Butter für die Form  
Für den Guss:  
100 ml süße Sahne  
1 TL Zucker  
1 Msp. Zimt  
Mandelblättchen  

Aus den Hefeteigzutaten wie im Rezept Zwergen-Schnecken beschrieben einen Teig zubereiten (etwas Mehl fürs Bemehlen übrig lassen). Die Äpfel schälen, entkernen und in Spalten schneiden. In einen Topf 2 Esslöffel Wasser und den Zitronensaft geben. Die Apfelspalten, die Rosinen und den Zucker hinein rühren, aufkochen und ziehen lassen. Den Backofen auf 200°C vorheizen. Eine Tarteform fetten. Den Hefeteig nochmals kräftig durchkneten, auf einer bemehlten Arbeitsplatte zur Form passend ausrollen und einen Rand stehen lassen. Die Äpfel gleichmäßig darauf verteilen. Im Ofen auf mittlerer Schiene 20 Minuten backen. Für den Guss die Sahne, Zucker und Zimt leicht schlagen, den Kuchen damit begießen und weitere 10 Minuten backen. Aus dem Ofen nehmen, mit Mandelblättchen dekorieren und auf einem Gitter abkühlen.

# Feines für die Zwergenseele
## Kuchen

## Quark-Birnen-Kuchen

(1 Blech)
Für den Teig:
300 g Mehl
3 TL Backpulver
150 g Quark
6 EL Öl
1 Ei

2 Pck. Vanillezucker
1 EL Kakaopulver
Salz
Butter für das Blech
Für den Belag:
1½ kg saftige Birnen
1 unbehandelte Zitrone

3 Eier, Salz
250 g Quark
270 g Crème fraîche
75 g Zucker
1 Pck. Vanillezucker
1 EL Speisestärke
1 Prise Nelkenpulver

Das Mehl mit dem Backpulver mischen. Den Quark, das Öl, das Ei, den Vanillezucker, den Kakao und 1 Prise Salz in einer Schüssel glatt rühren. Die Hälfte des Mehls unterrühren und den Teig mit dem restlichen Mehl verkneten. Wenn der Teig zu fest ist, 1-2 Esslöffel Wasser unterkneten. Ein Backblech mit etwas Butter einfetten. Den Teig darauf geben und mit dem Nudelholz ganz darauf ausrollen. Für den Belag die Birnen schälen, vierteln, entkernen und in Scheiben schneiden. Die Zitrone waschen und abtrocknen. Die Schale abreiben, den Saft auspressen und beides mit den Birnen mischen. Den Backofen auf 200°C vorheizen. Die Eier trennen und die 3 Eiweiß mit 1 Prise Salz steif schlagen. Die 3 Eigelb mit dem Quark, der Crème fraîche, dem Zucker, dem Vanillezucker, der Stärke und dem Nelkenpulver zu einer glatten Masse rühren und den Eischnee unterheben. Die Birnenscheiben gleichmäßig auf dem Teig verteilen, die Quarkcreme darauf verstreichen und den Kuchen ½ Stunde im Ofen auf mittlerer Schiene backen, bis er schön fest ist. Auf einem Gitter abkühlen lassen.

# Möhren-Nuss-Kuchen

(1 Blech)  
250 g Walnusskerne  
½ kg Möhren  
250 g Vollkorn-Weizenmehl  
2 TL Natron  
2 TL Zimt  
200 g Sultaninen  
300 g brauner Zucker  

4 Eier  
¼ l Öl  
Butter für das Blech  
200 g Doppelrahm-Frischkäse  
120 g Puderzucker  
80 g Butter  
1 Pck. Vanillezucker  

Die Nüsse fein hacken. Die Möhren putzen, schälen und fein raspeln. Das Mehl in eine Schüssel geben und mit Natron, Zimt, Sultaninen und Zucker vermischen. Den Backofen auf 180°C vorheizen. Die Eier schaumig rühren und langsam das Öl, dann die Möhren, die Nüsse und die Mehlmischung untermischen. Ein Backblech mit Butter fetten, den Teig darauf geben, glatt streichen und 40-50 Minuten im Ofen auf mittlerer Schiene backen, dann abkühlen. Für die Creme den Frischkäse mit dem Puderzucker, der weichen Butter und dem Vanillezucker schaumig rühren und gleichmäßig auf dem Kuchen verstreichen.

# Feines für die Zwergenseele
## Kuchen

### Mandeltarte „Zwergengenuss"

(1 Tarteform 28 cm)  
Für den Teig:  
200 g Mehl  
150 g kalte Butter  
1 TL Zucker  
½ TL Salz  
1 Eigelb  

Für die Mandelcreme:  
100 g Butter  
3 Eier  
100 g gemahlene Mandeln  

Für die Milchcreme:  
3 Eier  
100 g Zucker  
2 Pck. Vanillezucker  
50 g Mehl  
300 ml Milch  
Fett für die Form  
geschälte Mandeln  

Das Mehl in eine Schüssel geben und in der Mitte eine Vertiefung formen; etwas zum Bemehlen zurück behalten. Die Butter in kleinen Stücken mit dem Zucker und dem Salz am Rand verteilen. Das Eigelb und 2 Esslöffel eiskaltes Wasser in die Vertiefung geben und aus der Mitte heraus schnell zu einem Teig verkneten. Den Teig zu einer Kugel formen, in Frischhaltefolie packen und mindestens ½ Stunde in den Kühlschrank legen. Den Backofen auf 200°C vorheizen. Für die Mandelcreme die weiche Butter mit den Eiern, dann mit den Mandeln glatt rühren. Für die Milchcreme die Eier mit dem Zucker, dem Vanillezucker und dem Mehl verrühren. Die Milch in einem Topf aufkochen, die Hitze reduzieren

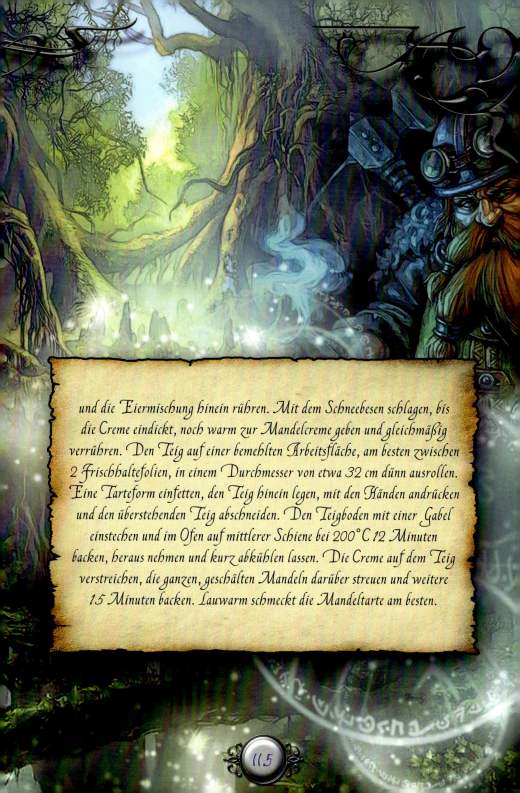

und die Eiermischung hinein rühren. Mit dem Schneebesen schlagen, bis die Creme eindickt, noch warm zur Mandelcreme geben und gleichmäßig verrühren. Den Teig auf einer bemehlten Arbeitsfläche, am besten zwischen 2 Frischhaltefolien, in einem Durchmesser von etwa 32 cm dünn ausrollen. Eine Tarteform einfetten, den Teig hinein legen, mit den Händen andrücken und den überstehenden Teig abschneiden. Den Teigboden mit einer Gabel einstechen und im Ofen auf mittlerer Schiene bei 200°C 12 Minuten backen, heraus nehmen und kurz abkühlen lassen. Die Creme auf dem Teig verstreichen, die ganzen, geschälten Mandeln darüber streuen und weitere 15 Minuten backen. Lauwarm schmeckt die Mandeltarte am besten.

## Feines für die Zwergenseele — Kuchen

### Preiselbeertorte

| | | |
|---|---|---|
| (1 Springform 26 cm) | 1 EL Mehl | 3–4 EL Weinbrand |
| 4 Eier | 120 g Schokoraspeln | 1 Glas (275 ml) |
| 1 Prise Salz | 75 g Zucker | Wildpreiselbeeren |
| 100 g gemahlene Haselnüsse | 1 gestrichener TL Backpulver | 400 ml süße Sahne |
| | | 2 Pck. Vanillezucker |

Den Backofen auf 175 °C vorheizen. Die Eier trennen, die 4 Eiweiß mit dem Salz steif schlagen und beiseite stellen. Die Nüsse mit dem Mehl, 100 g Schokoraspeln, Zucker, Salz und Backpulver in einer Schüssel mischen, die 4 Eigelb unterrühren und den Eischnee mit dem Schneebesen unterheben. Eine Springform mit Backpapier auslegen, den Teig hinein füllen, glatt streichen, ½ Stunde backen, heraus nehmen, abkühlen und den Ring lösen. Eine Tortenplatte über die Form stülpen, den Kuchenboden stürzen, das Backpapier vom Teigboden ziehen und den Boden nach Wunsch mit Weinbrand tränken. Die Beeren mit ihrem Saft (oder Preiselbeermarmelade) gleichmäßig auf dem Boden verteilen und mindestens 1 Stunde kühl ziehen lassen. Die Sahne mit dem Vanillezucker steif schlagen, auf die Beeren streichen und mit dem Rest Schokoraspeln bestreut servieren.

# Gerührter Rotweinkuchen

(1 Kastenform 30 cm)  
100 g Schokolade (zartbitter)  
4 Eier  
Salz  

200 g Butter  
200 g Zucker  
250 g Mehl  
½ Pck. Backpulver  
1 TL Zimt  

2 TL Kakaopulver  
125 ml Rotwein  
etwas Puderzucker  

Die Schokolade fein hacken. Die Eier trennen und die 4 Eiweiß mit 1 Prise Salz steif schlagen. Die weiche Butter (etwas zum Einfetten zurück behalten) mit dem Zucker cremig rühren. Den Backofen auf 180°C vorheizen. Eine Kastenform mit Butter einfetten und eine Handvoll Mehl hinein schütten. Die Form so lange drehen und wenden, bis alle Seiten von Mehl bedeckt sind. Die 4 Eigelb nacheinander in die Buttercreme rühren. Das restliche Mehl in einer Schüssel mit dem Backpulver, dem Zimt und dem Kakao vermischen und im Wechsel mit dem Wein in die Buttercreme rühren. Den Eischnee auf die Teigmasse geben und vorsichtig unterheben. Den Teig in die Form geben und glatt streichen. Auf der mittleren Schiene im Ofen 1 Stunde backen, nach kurzer Ruhe aus der Form lösen, abkühlen und mit Puderzucker bestreut servieren.

## Feines für die Zwergenseele
### Brot

# Bierbrot

(2 Laibe)
Für den Vorteig:
250 g Weizenmehl
(Type 1050)
5 g Hefe

Für den Hauptteig:
600 g Weizenmehl
(Type 1050)
250 g Roggenmehl
(Type 1150)

35 g Hefe
20 g Salz
½ l dunkles Bier

Die Zutaten für den Vorteig mit 200 ml Wasser in einer Schüssel mischen und mit einem feuchten Tuch bedeckt mindestens 6 Stunden ruhen lassen. Für den Hauptteig das Weizen- und das Roggenmehl in eine andere Schüssel sieben, in die Mitte eine Mulde formen und den Vorteig hinein geben. Die Hefe darüber zerbröseln, das Salz und das Bier auf dem Mehlrand verteilen. Von der Mitte heraus alles zu einem Teig verarbeiten und 5 Minuten mit den Händen kneten. Mit einem feuchten Tuch bedeckt 45 Minuten an einem warmen Ort gehen lassen, den Teig nochmal durchkneten und eine weitere ½ Stunde bedeckt gehen lassen. Den Backofen auf 220°C vorheizen. Den Teig halbieren, die Teighälften zu Brotlaiben formen und mit genügend Abstand auf ein mit Backpapier ausgelegtes Blech legen. Im Ofen auf mittlerer Schiene 1 Stunde backen und auf einem Gitter auskühlen lassen.

# Herbstbrot mit Nüssen

(2 Laibe)  
1 Apfel  
1 Möhre  
½ Würfel Hefe (21 g)  
1 TL Honig  

½ kg Dinkelmehl  
400 g Vollkornmehl  
3 TL Salz  
100 ml Naturjoghurt  
100 g Haselnüsse  

Den Apfel und die Möhre schälen und fein reiben. Die Hefe, den Honig und etwas lauwarmes Wasser verrühren, bis sich die Hefe auflöst. Das Mehl in einer großen Schüssel mit dem Salz mischen (etwas zum Bemehlen beiseite legen), in der Mitte eine Mulde formen, die Hefemischung hinein gießen und einen kleinen Vorteig bilden. 350 ml Wasser, den Joghurt, Apfel und Möhre hinzu fügen, verrühren und zu einem elastischen Teig verkneten. Ist er zu fest, etwas Wasser hinzu fügen. Den Teig auf einer bemehlten Arbeitsfläche noch weitere 10 Minuten weiter kneten, wieder in die Schüssel geben und zugedeckt an einem warmen Ort 1 Stunde gehen lassen, bis sich sein Volumen verdoppelt. Die Haselnüsse grob hacken und zum Teig geben, nochmals 10 Minuten kneten und ½ Stunde zugedeckt an einem warmen Ort gehen lassen. Den Backofen auf 200°C vorheizen. Den Teig nochmals kneten und zu 2 Brotlaiben formen. Ein Blech mit Backpapier belegen, die Laibe darauf legen und mit Wasser bestreichen. Auf der mittleren Schiene im Ofen 35-40 Minuten backen, danach auf einem Gitter auskühlen.

## Saus und Braus im Zwergenhaus

Auf dass die Fässer voll sein mögen,
die Kammern voller köstlich' Speisen!
Lasst uns're Heldentaten loben
in Geschichten, Liedern und auch Weisen.

Auf dass das Licht der Zwergenhalle
niemals erlischt und finster wird
und beim nächsten Fest uns alle
wieder hier zusammenführt!

Lasst uns morgen fleißig sein:
Äxte schärfen, Steine klopfen.
Was auch immer ist dein Plan,
gefeiert wird nun und gesoffen!

(Trinkspruch des westlichen Vannhallarayn-Volkes)

## Saus und Braus im Zwergenhaus
### Säfte und Sirup

# Bunter Zwergensaft

(4 Portionen)  
4 kleine, säuerliche Äpfel  

4 EL Zitronensaft  
300 ml Orangensaft  
8 TL Sanddornmark  

300 ml Karottensaft  
Apfelspalten zum Garnieren

Die Äpfel schälen, vierteln, entkernen, grob raspeln, mit dem Zitronensaft beträufeln und mit dem Orangensaft und dem Sanddornmark im Mixer fein pürieren. Den Karottensaft hinzu fügen und alles kräftig mixen. Das Getränk in Gläser füllen und mit den Apfelspalten garniert servieren.

# Frombrindals Roter Wintersaft

(4 Portionen)  
600 g frische Rote Beete  
150 g Möhren  
300 g süßsaure Äpfel  
20 g Ingwer  
2 große Orangen  
1/2 mittelgroße Zitrone  
1 EL Leinöl

Die Roten Beete (am besten aus biologischem Anbau) putzen, waschen, schälen und halbieren. Die Möhren putzen und waschen. Die Äpfel waschen und nacheinander durch den Entsafter in ein Glasgefäß geben. Den frischen Ingwer schälen, entsaften und hinzu fügen. Die Orangen und die halbe Zitrone auspressen und den Saft hinzu fügen. Das Leinöl in den Saft rühren und gut mischen.

Tipp: Man kann frisch gepressten Saft maximal 48 Stunden im Kühlschrank aufbewahren, indem man ihn in dunkle Glasflaschen füllt.

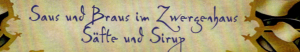

## Saus und Braus im Zwergenhaus
### Säfte und Sirup

# Sommerlicher Blütensirup

(Mehrere Flaschen)
600 g Zucker
1 EL Brombeerblätter
1 EL Erdbeerblätter

1 EL Orangenblüten
1 EL Kornblumenblüten
1 EL Sonnenblumenblüten

1 EL Zitronenmelissenblätter
1 abgeriebene Orangenschale
7 g Zitronensäure

600 ml Wasser mit dem Zucker aufkochen und etwa 10 Minuten köchelnd zu dickflüssigem Sirup reduzieren. Die Blätter und Blüten mit der Orangenschale in einem zweiten Topf mit dem Sirup übergießen und über Nacht ziehen lassen, durch ein feines Sieb filtern und mit der Zitronensäure aufkochen. Den heißen Sirup vorsichtig in sterile Gläser oder Flaschen füllen und sofort verschließen.

# Kräutersirup des Zwerges Halbarox

(Mehrere Flaschen)
8 Stängel Minze
8 Stängel Thymian

8 Stängel Melisse
4 Stängel Salbei
3 Handvoll frische

Zitronenverbene-Blätter
2 EL grüner Tee
900 g Zucker

Die Kräuter waschen, trocken schütteln, abzupfen und mit dem Tee in einem hohen Topf mit 900 ml kochendem Wasser übergießen, 20 Minuten ziehen lassen und in einen anderen Topf absieben. Den Zucker hinzu fügen und aufkochen, die Hitze reduzieren und unter gelegentlichem Rühren 30-40 Minuten einkochen, bis der Sirup eindickt. Den Sirup kochend heiß in sterile Gläser oder Flaschen füllen und sofort verschließen.

# Zwetschgensirup

(Mehrere Flaschen)
2 kg Zwetschgen
350 g Gelierzucker (1:1)
1 Zimtstange

Die Zwetschgen waschen, trocken tupfen, entkernen, mit 300 ml Wasser in eine Schüssel geben, pürieren und durch ein Sieb streichen. 600 g vom Püree abwiegen, mit dem Zucker in einem Topf gut mischen, mit der Zimtstange aufkochen, unter Rühren 5 Minuten köcheln und die Zimtstange entfernen. Den heißen Sirup in sterile Gläser oder Flaschen füllen und sofort verschließen.

Tipp: Der luftdicht verschlossene Sirup hält bis zu 5 Monaten. Nach dem Öffnen ist der Sirup einige Tage im Kühlschrank haltbar.

## Saus und Braus im Zwergenhaus
## Bier und Wein

# Altbierbowle aus dem Zwergenreich

(ca. 1 Liter)     200 g Zucker     reichlich Altbier
800 g TK-Erdbeeren     200 ml Rum

Für die Bowle-Basis die Erdbeeren (oder 2 Dosen Erdbeeren á 400 g) und den Zucker in einem Steinguttopf oder einem ähnlichen Gefäß mischen und antauen lassen. Den Rum hinzu fügen, abdecken und mindestens 24 Stunden kühl ziehen lassen, dann in ein Bowle-Gefäß füllen und mit Altbier nach Geschmack auffüllen.

Tipp: Die Wirkung der Bowle ist alles andere als zwergenhaft!

# Ingwer-Nelken-Bier (alkoholfrei)

(3-4 Flaschen)     Saft von 1 Zitrone     850 g Zucker
100 g frischer Ingwer     3 Gewürznelken

Den Ingwer schälen, in dünne Scheiben schneiden und mit dem Zitronensaft, 1¼ Liter Wasser, den Nelken und dem Zucker aufkochen, 5 Minuten kochen, vom Herd nehmen und über Nacht ziehen lassen, dann durch ein feines Sieb abseihen und nach Geschmack etwas Wasser oder Zucker hinzu fügen. Das Getränk in sterile Flaschen füllen, eine Nelke in jede Flasche geben, gut verschließen, 5 Tage bei Zimmertemperatur ruhen lassen und danach kalt aufbewahren.

Tipp: Mit Eiswürfeln servieren.

# Gemeiner Zwergenpunsch

(4 Portionen)　　200 ml Sherry　　1 Prise Muskat
1 unbehandelte Zitrone　　200 ml Weinbrand
1 l helles Bier　　1 EL Puderzucker

Die Zitrone waschen, trocknen, schälen und auspressen. Das Bier mit dem Sherry und dem Weinbrand mischen, den Puderzucker, Zitronensaft und -schale hinzufügen, mit geriebenem Muskat abschmecken und servieren.

Tipp: Gekühlt mit Eiswürfeln servieren. Das Getränk ist sehr stark!

# Honig-Met aus den Zwergenhallen

(ca. 8 Liter, für　　4 kg Honig　　Anispulver
10-Liter-Ballonflasche　　Nelken-,　　400 g Reinzuchthefe
mit Gärrohr)　　Ingwer- und

Den Honig mit 5 Litern Wasser unter Rühren aufkochen und mit Nelken-, Ingwer- und Anispulver nach Geschmack würzen; entstehenden Schaum abschöpfen und lauwarm abkühlen lassen. Die Hefe mit etwas Honigmischung in einer Schale auflösen, in den Topf geben und unterrühren. Die abgekühlte Flüssigkeit in die Ballonflasche füllen und das Gärrohr mit einem Korken verschließen. Nach 2-3 Tagen bilden sich erste Blasen im Gärrohr. Der Gärprozess dauert je nach Hefe 8-12 Tage und ist abgeschlossen, sobald sich im Gärrohr keine Blasen mehr finden. Dann den Met in sterile Flaschen füllen, sofort mit sterilisierten Korken verschließen und kühl und trocken im Keller lagern.

## Saus und Braus im Zwergenhaus
## Bier und Wein

### Hagebuttenwein

(4 Portionen)      1 kg Hagebutten      1 kg Zucker

Die reifen, frisch gesammelten Hagebutten waschen, Blüten und Stiele entfernen und in ein großes verschließbares Glasgefäß geben. 2 Liter Wasser mit dem Zucker in einem Topf aufkochen, bis sich der Zucker auflöst, und abgekühlt über die Früchte gießen. Das Glasgefäß verschließen und etwa 3 Monate an einen warmen Platz stellen. Der Hagebuttenwein nimmt eine goldgelbe Farbe an. Dann die Hagebutten absieben, die Flüssigkeit auffangen und nochmals durch einen Kaffeefilter sieben. Den fertigen Hagebuttenwein in sterile Flaschen füllen, sofort verschließen und etwa 4 Wochen an einem kühlen Ort aufbewahren. Danach kann der Wein getrunken werden.

### Weißwein-Eier-Punsch

(4 Portionen)         3 große, frische Eigelb      Weißwein
1½ Orangen            200 g Zucker                 150 ml Rum
2 mittelgroße Eier    300 ml halbtrockener

Die Orangen auspressen. Die 2 Eier und die 3 Eigelb mit dem Zucker in einem Topf gleichmäßig verrühren, mit dem Wein und dem Rum unter Rühren aufkochen, 300 ml Wasser und den Orangensaft hinzu fügen und nochmals unter Rühren aufkochen; mehrmaliges Aufkochen ist wegen der Eier wichtig. Heiß servieren.

Tipp: Nach Geschmack ein Sahnehäubchen auf den Punsch setzen.

# Walnusswein

(Mehrere Flaschen)  5 l Rotwein  700 g Zucker
25 grüne Walnüsse  1 l Tresterschnaps

Die Nüsse mit dem Wein und dem Schnaps (Marc de Champagne etc.) in ein großes Glasgefäß füllen, verschließen oder mit einem sauberen Tuch abdecken und 3 Monate ziehen lassen. Danach den Zucker hinzu fügen und verrühren. Wieder etwa 1 Monat ziehen lassen, dabei gelegentlich umrühren. Die Nüsse entfernen und den Wein fein absieben.

Tipp: Bis zum Verzehr sollte der Walnusswein dann noch 1 Monat ruhen.

# Johannisbeer-Glühwein

(6 Portionen)  1 TL Zimt  150 g Zucker
1 l schwarzer  1 TL Ingwerpulver  2 l Rotwein
Johannisbeersaft  1 TL Nelkenpulver  ¼ l Wodka
  125 g Rosinen

Den Johannisbeersaft mit den Gewürzen, den Rosinen und dem Zucker aufkochen. Die Hitze reduzieren, den Wein und den Wodka hinzu fügen und umrühren. Den Glühwein nochmal erhitzen (nicht kochen) und heiß servieren.

## Saus und Braus im Zwergenhaus
### Likör und Schnaps

# Schlehenlikör

(Mehrere Flaschen)
½ kg Schlehen
1 l Korn
750 g Zucker

Die Schlehen waschen, trocken tupfen, entkernen und das Fruchtfleisch in ein großes Glasgefäß geben. Etwa ein Drittel der Kerne aufschlagen, hinzu fügen und mit dem Korn übergießen. Das Gefäß gut verschließen und an einem warmen Ort 8–10 Tage ziehen lassen, dabei immer wieder schütteln. In einem Topf ½ Liter Wasser mit dem Zucker unter Rühren aufkochen und erkalten lassen. Die Schlehenmischung durch ein Tuch abseihen. Das Zuckerwasser mit dem Alkohol mischen und in gereinigte Flaschen füllen. Bis zum Verbrauch sollte der Schlehenlikör 5–6 Wochen kühl und dunkel aufbewahrt werden.

Tipp: Die Schlehen nach dem ersten Frost ernten oder, wenn sie vorher geerntet werden, einige Tage ins Gefrierfach geben. Durch den Frost werden die herben und sauren Früchte etwas milder.

# Bofurs Haselnusslikör

(1 bis mehrere Flaschen)  
250 g Haselnüsse  
1 Zimtstange  
2 Gewürznelken  
½ Vanilleschote (ausgeschabt)  
¾ l Weinbrand  
180 g Zucker  

Die frischen Haselnüsse schälen, klein schneiden, mit den Gewürzen in ein großes Glasgefäß geben und mit dem Weinbrand übergießen. Gut verschließen und an einem warmen Ort etwa 4 Wochen ziehen lassen, dabei immer wieder schütteln. Dann den Likör durch ein feines Sieb (oder Tuch) abseihen. In einem Topf den Zucker mit wenig Wasser aufkochen, bis der Zucker Fäden zieht, zur Flüssigkeit geben, nochmals fein sieben und in gereinigte Flaschen füllen.

Tipp: Bis zum Verbrauch sollte der Likör noch 4 Wochen kühl und dunkel lagern.

# Waldmeisterschnaps mit Minze

(1 Flasche)  
50 g Waldmeister  
50 g frische Pfefferminze  
¾ l Obstbrand  
100 ml Waldmeistersirup  

Den Waldmeister und die Minze waschen, trocken tupfen, in ein großes Glasgefäß geben und mit dem Obstbrand übergießen. Gut verschließen und an einem warmen, dunklen Ort 14 Tage ziehen lassen, absieben und mit dem Waldmeistersirup mischen. Den Schnaps bis zum Verbrauch kühl aufbewahren.

Tipp: Waldmeister nur in geringen Mengen einnehmen. Das darin enthaltene Cumarin kann Kopfschmerzen und Übelkeit auslösen.

## Saus und Braus im Zwergenhaus
### Likör und Schnaps

# Erdbeerlikör

(Mehrere Flaschen)
50 g Rhabarber
200 g Erdbeeren
300 g weißer Kandiszucker
700 ml Schnaps
300 ml Weißwein

Den Rhabarber und die Erdbeeren waschen. Den Rhabarber in 5 cm lange Stücke schneiden, mit 100 ml Wasser bei mäßiger Hitze 5 Minuten köcheln und abkühlen lassen. Die Erdbeeren leicht zerdrücken und mit dem Rhabarber in ein großes Glasgefäß geben. Den Kandis, den Schnaps (Korn oder Wodka) und den Wein darüber gießen und mischen. An einem warmen, hellen Ort 4 Wochen ziehen lassen, dabei immer wieder schütteln. Dann die Früchte durch ein feines Sieb (oder Tuch) abseihen und den Likör in heiß ausgespülte Flaschen füllen. An einem kühlen, dunklen Ort noch 3 Wochen reifen lassen und genießen.

Tipp: Der Likör ist mindestens 1 Jahr haltbar.

# Thorlof Graubarts Hopfenglück

(4 Portionen)
50 g gelbe Enzianwurzel
250 g Hopfenblüten
1 Zitronenscheibe
1 Stück Zimtrinde
1 l Obstbrand
1 l destilliertes Wasser

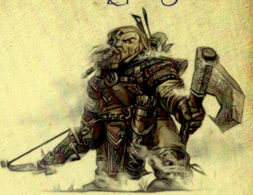

Die Enzianwurzel in Stücke schneiden und mit den Hopfenblüten in ein großes Glasgefäß geben. Die Zitronenscheibe und die Zimtrinde hinzu fügen und mit dem Obstbrand übergießen. Gut verschließen und 3 Wochen an einem warmen Platz ziehen lassen, dabei immer wieder schütteln. Das Gefäß an einen dunklen, kühlen Ort, am besten im Keller, stellen und weitere 4 Wochen ziehen lassen. Den Hopfenschnaps durch ein feines Sieb oder Tuch sieben, die Flüssigkeit auffangen und den Rückstand mit dem destillierten Wasser übergießen. Den Rückstand 3 Stunden ziehen lassen und die Mischung durch ein feines Sieb geben. Die aufgefangene Flüssigkeit zum Hopfenschnaps geben, mischen, in gereinigte Flaschen füllen und weitere 14 Tage an einem warmen Ort ziehen lassen. Die fertige Mischung kühl und dunkel im Keller lagern.

Tipp: Enzianwurzel und Hopfenblüten sind in der Apotheke oder im Versandhandel erhältlch.

## Zwergensprüche

Tief im Berg hört man ein Klopfen,
ein Rumpeln und ein Scharren.
Den Tropfstein hört man tropfen,
da kommt schon der Minenkarren!

Geschoben von den kleinen Leuten,
ein Karren voller reicher Beute.
Das Funkeln all der Edelsteine
die Zwerge immer schon erfreute.

Dem Berg haben sie es voller Müh'
abgetrotzt und rausgeschlagen.
Und morgen dann in aller Früh'
wird der Karren wieder vollgeladen.

(Yurdan der Gierige, Stollenwächter des Erzgebirges)


Gar heilig ist einem jedem Zwerg
sein Bart, gepflegt und wohlgeformt.
Mit reichlich Zierrat hübsch verziert,
geflochten, ein wahres Kunstwerk!

Schwört ein Zwerg bei seinem Barte,
so bindet dies ihn immerfort.
Bricht er den Schwur doch unerwartet,
ist die Strafe dafür Mord!

Fällt der Bart durch einen Feind,
so ist dies ein schlimmer Fall.
Nur der Tod kann Sühne sein,
den Frevler sucht man überall!

(Gesetzestafel der südlichen Vogesenstämme)

Den Stein, der einem braven Zwerg
zu widerstehen ist im Stande,
gibt es bis heut' in keinem Berg,
nicht im Fluss und auf dem Lande.

Drum hilft es auch dem Steine nicht,
wenn er jammert oder fleht,
dass man ihn bitte nicht zerbricht,
und dann in tausend Stücke schlägt.

Der Zwerg, der hört das Flehen nicht.
Er pfeift ein munt'res Liedlein,
schwingt seine Axt bei Kerzenlicht
ohne Reu' und ohne Mitleid.

Der Staub macht jede Kehle trocken.
Zerbersten sieht man nun den Stein.
Bang fragen sich die and'ren Brocken:
Wer wird wohl der Nächste sein?

(Bergmannslied des Caudlynn-Clans)


Geschmiedet tief im Erdenfeuer,
ein Stahl so hart und rein.
Die Klinge ist dem Zwerge teuer,
gemacht für Hälse und auch Stein.

Verziert ist sie mit vielen Runen,
Magie verleihen sie der Axt.
Ein Werkzeug zum Bestaunen,
ein wunder-kostbar' Zwergenschatz!

Der Schaft aus festem Eichenholz,
reich verziert mit Schnitzereien.
Denn auf ewig halten soll's
und dem Besitzer Ruhm verleihen!

(Bleath Eisenfresser, Schmied und Schamane des Yoth-Clans)

*Barbarus hic ergo sum, quia non intellegor ulli.*

# Impressum

© OTUS Verlag A.G., Bergstrasse 2, CH-8712 Stäfa, 2015, www.otus.ch

Viele weitere Informationen findest du auf unserer Facebook-Fanpage: www.facebook.com/otusverlag

Alle Rechte vorbehalten, auch die des auszugsweisen Nachdrucks,
des öffentlichen Vortrags und der Übertragung in Rundfunk und Fernsehen.

Konzeption und Illustrationen: Eckhard Freytag
Text: Angela Freytag, Franziska Demmer, Monika Hörmann
Layout und Satz: Bärbel Bach

ISBN: 978-3-03793-435-7